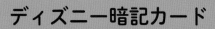
ディズニー暗記カード

# ENGLISH WORDS

## 中学英単語

**Gakken**

# CONTENTS もくじ

★ この本の特長と使い方　　　　　　　　★ 表紙カード

英単語チェックシート
ダウンロードについて　　この本で勉強した単語が身についているかどうかを確認できる、チェックシートがダウンロードできます。ダウンロードはこちらのURLと二次元コードから。
https://gakken-ep.jp/extra/disneycard_ewords_download/

# この本の記号と表記

## ▶品詞

名 …名詞（または名詞の働きをする語句）　　助 …助動詞　　前 …前置詞

代 …代名詞　　　　　　　　　　　　　　　　形 …形容詞　　接 …接続詞

動 …動詞　　　　　　　　　　　　　　　　　副 …副詞

## ▶発音記号

　発音記号は，教科書や辞書によって表記が異なる場合があります。発音が米・英で異なる場合は米音だけを，複数ある場合は主要なものだけを表記しました。

　また，本書ではカタカナによる発音表記もしていますが，英語の発音をカタカナで正確に表すことは困難です。発音記号に慣れるまでの手がかりとして参考にしてください。太字は強く読む部分を表しています。なお，単語には強く読む位置に▼のマークをつけています。発音するときに役立ててください。

## ▶語形変化

　カード番号 971 ～ 1010 は「不規則な変化をする動詞」のカードです。覚えておきたい不規則動詞を集めました。ウラ面には，原形～過去形～過去分詞の順に表記しています。オモテ面の単語を見て順番に言うなどの練習をしましょう。

## 英語の音声再生アプリについて

本書に掲載されている 1010 の単語・活用形すべてと用例を収録した音声を無料でご利用いただけます。音声は，専用アプリで再生することができます。

> アプリのご利用方法
>
> スマートフォン，またはタブレット PC から
> 下記の URL にアクセスしてください。
>
> ## https://gakken-ep.jp/extra/myotomo/

※ お客様のインターネット環境及び携帯端末によりアプリがご利用できない場合や，音声をダウンロード・再生できない場合，
　 当社は責任を負いかねます。ご理解，ご承認いただきますようお願いいたします。

※ アプリは無料ですが，通信料はお客様のご負担になります。

# この本の特長と使い方

## コンパクトだから どこにでも持ち歩ける！

ポケットに入る超コンパクトサイズで，トイレ，電車，学校など，どこでも持ち歩いてすき間時間に勉強できる。

## 勉強しやすいジャンル別

4つの重要度と25のジャンルに分かれているから，必要なカードを選んで自分だけの単語帳がつくれる。
載っていない単語は巻末のマイカードに書いて覚えよう。

## オモテ面・ウラ面のどちらからも使えて便利！

単語カードのオモテ面からは英語→日本語，ウラ面からは日本語→英語のチェックができる。

単語の重要度　　　単語のカテゴリ

## カードの上手な切り方

たてのミシン目にそってしっかり折る

折り目の端をつまんで少しだけ切る

ミシン目の内側を押さえながら，少し丸めるようにして，切りとる

# ENGLISH WORDS
中学英単語

*Mickey*

**ENGLISH WORDS**

*Minnie*

*Minnie*

**ENGLISH WORDS**

**ENGLISH WORDS**

## 表紙カードの使い方

余白の部分に「期末テスト」や「苦手単語」など暗記帳のタイトルを書こう！

→ ココ!

期末テスト

**ENGLISH WORDS**

**ENGLISH WORDS**

*Mickey*

**ENGLISH WORDS**

**ENGLISH WORDS**

## 1

★★★★ 最重要　基本動詞❶

# háve

ヘアッ [hæv]

I **have** a lot of friends.

## 6

★★★★ 最重要　基本動詞❶

# wálk

ウォーク [wɔːk]

I usually **walk** to school.

## 2

★★★★ 最重要　基本動詞❶

# líke

ライク [laik]

I **like** cats.

## 7

★★★★ 最重要　基本動詞❶

# rún

ラン [rʌn]

He is **running** with his dog.

## 3

★★★★ 最重要　基本動詞❶

# pláy

プレイ [plei]

**play** baseball

## 8

★★★★ 最重要　基本動詞❶

# stánd

ステァンド [stænd]

He's **standing** by the door.

## 4

★★★★ 最重要　基本動詞❶

# gó

ゴウ [gou]

**go** to school

## 9

★★★★ 最重要　基本動詞❶

# sít

スィット [sit]

They are **sitting** over there.

## 5

★★★★ 最重要　基本動詞❶

# cóme

カム [kʌm]

**come** here

## 10

★★★★ 最重要　基本動詞❶

# stúdy

スタディ [stʌ́di]

**study** English

7

**最重要** 基本動詞❶ 6

動 歩く

▶ 私はふつう学校に**歩いて**いきます。
I usually ＿＿＿ to school.

**最重要** 基本動詞❶ 1

動 持っている，食べる

▶ 私はたくさんの友達が**います**。
I ＿＿＿ a lot of friends.

**最重要** 基本動詞❶ 7

動 走る

▶ 彼は犬と**走って**います。
He is ＿＿＿ with his dog.

**最重要** 基本動詞❶ 2

動 好きだ
前 （まるで）〜のような

▶ 私はねこが**好き**です。
I ＿＿＿ cats.

**最重要** 基本動詞❶ 8

動 立つ

▶ 彼はドアのそばに**立って**います。
He's ＿＿＿ by the door.

**最重要** 基本動詞❶ 3

動 （スポーツやゲームを）**する**，
（楽器を）**演奏する**

▶ 野球を**する**
＿＿＿ baseball

**最重要** 基本動詞❶ 9

動 すわる

▶ 彼らはむこうに**すわって**います。
They are ＿＿＿ over there.

**最重要** 基本動詞❶ 4

動 行く

▶ 学校に**行く**
＿＿＿ to school

**最重要** 基本動詞❶ 10

動 勉強する

▶ 英語を**勉強する**
＿＿＿ English

**最重要** 基本動詞❶ 5

動 来る

▶ ここに**来る**
＿＿＿ here

最重要　基本動詞❶　11

# work
ワ～ク [wəːrk]

work hard

 最重要　基本動詞❶　16

# look
ルック [luk]

Look at that, Pluto.

 最重要　基本動詞❶　12

# read
リード [riːd]

read a book

最重要　基本動詞❶　17

# listen
リスン [lísn]

listen to music

 最重要　基本動詞❶　13

# write
ライト [rait]

write a letter

最重要　基本動詞❶　18

# see
スィー [siː]

Can you see that?

 最重要　基本動詞❶　14

# speak
スピーク [spiːk]

speak English

最重要　基本動詞❶　19

# hear
ヒアァ [hiər]

Can you hear me?

最重要　基本動詞❶　15

# live
リヴ [liv]

I live in Tokyo.

最重要　基本動詞❶　20

# watch
ワーチ [watʃ]

watch TV

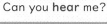

**最重要** ★★★★ 基本動詞❶ 16

動 見る，〜に見える

▶ あれを**見て**ごらん，プルート。
_____ at that, Pluto.

**最重要** ★★★★ 基本動詞❶ 11

動 働く

▶ 一生けんめい**働く**
_____ hard

**最重要** ★★★★ 基本動詞❶ 17

動 聞く

▶ 音楽を**聞く**
_____ to music

**最重要** ★★★★ 基本動詞❶ 12

動 読む

▶ 本を**読む**
_____ a book

**最重要** ★★★★ 基本動詞❶ 18

動 見える（目に入る）

▶ あれが**見えます**か。
Can you _____ that?

**最重要** ★★★★ 基本動詞❶ 13

動 書く

▶ 手紙を**書く**
_____ a letter

**最重要** ★★★★ 基本動詞❶ 19

動 聞こえる（耳に入る）

▶ 私の言うことが**聞こえます**か。
Can you _____ me?

**最重要** ★★★★ 基本動詞❶ 14

動 話す

▶ 英語を**話す**
_____ English

**最重要** ★★★★ 基本動詞❶ 20

動 （動きのあるものを）じっと見る
名 腕時計

▶ テレビを**見る**
_____ TV

**最重要** ★★★★ 基本動詞❶ 15

動 住んでいる

▶ 私は東京に**住んでいます**。
I _____ in Tokyo.

10

基本動詞❶ 21

最重要

# know
ノウ [nou]

I don't **know**.

基本動詞❶ 26

最重要

# meet
ミート [miːt]

**meet** him at the station

基本動詞❶ 22

最重要

# want
ワーント [want]

I **want** a new camera.

基本動詞❶ 27

最重要

# talk
トーク [tɔːk]

Let's **talk** in English.

基本動詞❶ 23

最重要

# love
ラヴ [lʌv]

I **love** her.

基本動詞❶ 28

最重要

# practice
プレアクティス [præktis]

**practice** soccer every day

基本動詞❶ 24

最重要

# help
ヘゥプ [help]

**help** my mother

基本動詞❶ 29

最重要

# enjoy
インヂョーイ [indʒɔ́i]

**enjoy** the vacation

基本動詞❶ 25

最重要

# use
ユーズ [juːz]

**use** a sewing machine

基本動詞❶ 30

最重要

# start
スタート [staːrt]

Let's **start** the game.

| ★★★★ 最重要 | 基本動詞❶ | 26 |

動 会う

▶ 駅で彼に**会う**
_____ him at the station

---

| ★★★★ 最重要 | 基本動詞❶ | 21 |

動 知っている

▶ **知り**ません。
I don't _____.

---

| ★★★★ 最重要 | 基本動詞❶ | 27 |

動 話す，会話する

▶ 英語で**話し**ましょう。
Let's _____ in English.

---

| ★★★★ 最重要 | 基本動詞❶ | 22 |

動 ほしい

▶ 私は新しいカメラが**ほしい**です。
I _____ a new camera.

---

| ★★★★ 最重要 | 基本動詞❶ | 28 |

動 練習する

▶ 毎日サッカーを**練習する**
_____ soccer every day

---

| ★★★★ 最重要 | 基本動詞❶ | 23 |

動 名 大好きである 愛

▶ 私は彼女が**大好き**です。
I _____ her.

---

| ★★★★ 最重要 | 基本動詞❶ | 29 |

動 楽しむ

▶ 休暇を**楽しむ**
_____ the vacation

---

| ★★★★ 最重要 | 基本動詞❶ | 24 |

動 手伝う，助ける

▶ お母さんを**手伝う**
_____ my mother

---

| ★★★★ 最重要 | 基本動詞❶ | 30 |

動 始める，始まる

▶ ゲームを**始め**ましょう。
Let's _____ the game.

---

| ★★★★ 最重要 | 基本動詞❶ | 25 |

動 使う

▶ ミシンを**使う**
_____ a sewing machine

©2021 Disney

12

**最重要** 基本動詞❶  **31**

# vísit
ヴィズィット [vízit]

visit her house

 **最重要** 基本動詞❶ **36**

# stáy
ステイ [stei]

stay at a hotel

---

 **最重要** 基本動詞❶ **32**

# gét
ゲット [get]

get a ticket

 **最重要** 基本動詞❶ **37**

# léave
リーヴ [liːv]

leave Japan

---

 **最重要** 基本動詞❶ **33**

# táke
テイク [teik]

Take an umbrella with you.

**最重要** 基本動詞❶ **38**

# wáit
ウェイト [weit]

I'm waiting for him.

---

**最重要** 基本動詞❶ **34**

# bring
プリング [briŋ]

Please bring your lunch tomorrow.

 **最重要** 基本動詞❶ **39**

# éat
イート [iːt]

eat lunch

---

**最重要** 基本動詞❶ **35**

# máke
メイク [meik]

make a dress

**最重要** 基本動詞❶ **40**

# drink
ドリンク [driŋk]

drink a cup of tea

3

| | | |
|---|---|---|
| ★★★★ 最重要 基本動詞❶ | **36** | |

動 滞在する，とどまる

▶ ホテルに泊まる
_____ at a hotel

| | | |
|---|---|---|
| ★★★★ 最重要 基本動詞❶ | **31** | |

動 訪問する

▶ 彼女の家を訪れる
_____ her house

| | | |
|---|---|---|
| ★★★★ 最重要 基本動詞❶ | **37** | |

動 去る，出発する

▶ 日本を去る
_____ Japan

| | | |
|---|---|---|
| ★★★★ 最重要 基本動詞❶ | **32** | |

動 手に入れる，
（get upで）起きる

▶ チケットを手に入れる
_____ a ticket

| | | |
|---|---|---|
| ★★★★ 最重要 基本動詞❶ | **38** | |

動 待つ

▶ 私は彼を待っています。
I'm _____ for him.

| | | |
|---|---|---|
| ★★★★ 最重要 基本動詞❶ | **33** | |

動 取る，持っていく，
（乗り物に）乗っていく

▶ かさを持っていきなさい。
_____ an umbrella with you.

| | | |
|---|---|---|
| ★★★★ 最重要 基本動詞❶ | **39** | |

動 食べる

▶ 昼食を食べる
_____ lunch

| | | |
|---|---|---|
| ★★★★ 最重要 基本動詞❶ | **34** | |

動 持ってくる，
連れてくる

▶ あすはお弁当を持ってきてください。
Please _____ your lunch tomorrow.

| | | |
|---|---|---|
| ★★★★ 最重要 基本動詞❶ | **40** | |

動 飲む

▶ 紅茶を1杯飲む
_____ a cup of tea

| | | |
|---|---|---|
| ★★★★ 最重要 基本動詞❶ | **35** | |

動 作る

▶ ドレスを作る
_____ a dress

★★★★ 最重要　基本動詞❶　**41**

# cook
クック [kuk]

cook fish

★★★★ 最重要　基本動詞❶　**46**

# sing
スィング [siŋ]

Let's **sing** a song.

---

★★★★ 最重要　基本動詞❶　**42**

# wash
ワーシュ [waʃ]

Wash your hands.

★★★★ 最重要　基本動詞❶　**47**

# dance
デァンス [dæns]

Let's **dance**.

---

★★★★ 最重要　基本動詞❶　**43**

# clean
クリーン [kliːn]

Donald **cleaned** the floor.

★★★★ 最重要　基本動詞❶　**48**

# open
オウプン [óupən]

Can you **open** the window?

---

★★★★ 最重要　基本動詞❶　**44**

# drive
ドラーイヴ [draiv]

drive a car

★★★★ 最重要　基本動詞❶　**49**

# close
クロウズ [klouz]

close the door

---

★★★★ 最重要　基本動詞❶　**45**

# swim
スウィム [swim]

He **swims** fast.

★★★★ 最重要　スポーツ・趣味・食べ物　**50**

# sport
スポート [spɔːrt]

my favorite **sport**

**46** ★★★★ 最重要　基本動詞❶

動 歌う

▶ 歌を歌いましょう。
Let's ＿＿＿ a song.

©2021 Disney

**47** ★★★★ 最重要　基本動詞❶

動 踊る
名 踊り

▶ 踊りましょう。
Let's ＿＿＿.

©2021 Disney

**48** ★★★★ 最重要　基本動詞❶

動 開ける，開く
形 開いている

▶ 窓を開けてくれる？
Can you ＿＿＿ the window?

©2021 Disney

**49** ★★★★ 最重要　基本動詞❶

動 閉じる

▶ ドアを閉める
＿＿＿ the door

©2021 Disney

**50** ★★★★ 最重要　スポーツ・趣味・食べ物

名 スポーツ

▶ 私の大好きなスポーツ
my favorite ＿＿＿

©2021 Disney

**41** ★★★★ 最重要　基本動詞❶

動 料理する
名 料理する人，コック

▶ 魚を料理する
＿＿＿ fish

©2021 Disney

**42** ★★★★ 最重要　基本動詞❶

動 洗う

▶ 手を洗いなさい。
＿＿＿ your hands.

©2021 Disney

**43** ★★★★ 最重要　基本動詞❶

動 そうじする

▶ ドナルドは床をそうじしました。
Donald ＿＿＿ the floor.

©2021 Disney

**44** ★★★★ 最重要　基本動詞❶

動 運転する

▶ 車を運転する
＿＿＿ a car

©2021 Disney

**45** ★★★★ 最重要　基本動詞❶

動 泳ぐ

▶ 彼は速く泳ぎます。
He ＿＿＿ fast.

©2021 Disney

★★★★ 最重要 スポーツ・趣味・食べ物 **51**

# báseball
ベイスボーゥ [béisbɔ:l]

a **baseball** fan

★★★★ 最重要 スポーツ・趣味・食べ物 **56**

# táble tennis
テイ ボゥテニス [téibl tènis]

He likes **table tennis**.

---

★★★★ 最重要 スポーツ・趣味・食べ物 **52**

# ténnis
テニス [ténis]

play **tennis**

★★★★ 最重要 スポーツ・趣味・食べ物 **57**

# téam
ティーム [ti:m]

I'm on the baseball **team**.

---

★★★★ 最重要 スポーツ・趣味・食べ物 **53**

# sóccer
サーカァ [sákər]

a **soccer** team

★★★★ 最重要 スポーツ・趣味・食べ物 **58**

# mémber
メンバァ [mémbər]

I'm a **member** of the soccer team.

---

★★★★ 最重要 スポーツ・趣味・食べ物 **54**

# básketball
ベァスキッボーゥ [bæskitbɔ:l]

play **basketball**

★★★★ 最重要 スポーツ・趣味・食べ物 **59**

# pláyer
プレイアァ [pléiər]

She is a good tennis **player**.

---

★★★★ 最重要 スポーツ・趣味・食べ物 **55**

# vólleyball
ヴァーリボーゥ [válibɔ:l]

a **volleyball** player

★★★★ 最重要 スポーツ・趣味・食べ物 **60**

# fán
フェアン [fæn]

We are soccer **fans**.

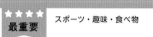

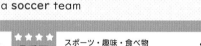

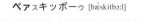

| | | | |
|---|---|---|---|
| ★★★★ 最重要 | スポーツ・趣味・食べ物 | 56 | ©2021 Disney |

名 **卓球**

▶ 彼は**卓球**が好きです。
He likes _____ tennis.

★★★★ 最重要　スポーツ・趣味・食べ物　57

名 **チーム**

▶ 私は野球**部**に入っています。
I'm on the baseball _____.

★★★★ 最重要　スポーツ・趣味・食べ物　58

名 **メンバー，一員**

▶ 私はサッカー部の**メンバー**です。
I'm a _____ of the soccer team.

★★★★ 最重要　スポーツ・趣味・食べ物　59

名 **選手，プレーヤー**

▶ 彼女はテニスが上手［上手なテニス**選手**］です。
She is a good tennis _____.

★★★★ 最重要　スポーツ・趣味・食べ物　60

名 **ファン**

▶ ぼくたちはサッカー**ファン**です。
We are soccer _____.

★★★★ 最重要　スポーツ・趣味・食べ物　51

名 **野球**

▶ **野球**ファン
a _____ fan

★★★★ 最重要　スポーツ・趣味・食べ物　52

名 **テニス**

▶ **テニス**をする
play _____

★★★★ 最重要　スポーツ・趣味・食べ物　53

名 **サッカー**

▶ **サッカー**チーム
a _____ team

★★★★ 最重要　スポーツ・趣味・食べ物　54

名 **バスケットボール**

▶ **バスケットボール**をする
play _____

★★★★ 最重要　スポーツ・趣味・食べ物　55

名 **バレーボール**

▶ **バレーボール**選手
a _____ player

18

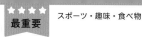

**最重要** ★★★★ スポーツ・趣味・食べ物 61

# gáme
ゲイム [geim]

a basketball **game**

**最重要** ★★★★ スポーツ・趣味・食べ物 66

# violín
ヴァイアリン [vaiəlín]

play the **violin**

**最重要** ★★★★ スポーツ・趣味・食べ物 62

# vídeo
ヴィーディオウ [vídiou]

play **video games**

**最重要** ★★★★ スポーツ・趣味・食べ物 67

# bréakfast
ブレクファスト [brékfəst]

What do you have for **breakfast**?

**最重要** ★★★★ スポーツ・趣味・食べ物 63

# móvie
ムーヴィ [múːvi]

go to a **movie**

**最重要** ★★★★ スポーツ・趣味・食べ物 68

# lúnch
ランチ [lʌntʃ]

eat **lunch**

**最重要** ★★★★ スポーツ・趣味・食べ物 64

# piáno
ピエァノウ [piǽnou]

play the **piano**

**最重要** ★★★★ スポーツ・趣味・食べ物 69

# dínner
ディナァ [dínər]

before **dinner**

**最重要** ★★★★ スポーツ・趣味・食べ物 65

# guitár
ギターァ [gitáːr]

play the **guitar**

**最重要** ★★★★ スポーツ・趣味・食べ物 70

# fóod
フード [fuːd]

Chinese **food**

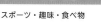

**66** 最重要 ★★★★ スポーツ・趣味・食べ物

名 **バイオリン**

▶ バイオリンをひく
play the ＿＿＿

**61** 最重要 ★★★★ スポーツ・趣味・食べ物

名 **試合，ゲーム**

▶ バスケットボールの**試合**
a basketball ＿＿＿

**67** 最重要 ★★★★ スポーツ・趣味・食べ物

名 **朝食**

▶ あなたは**朝食**に何を食べますか。
What do you have for ＿＿＿?

**62** 最重要 ★★★★ スポーツ・趣味・食べ物

名 **ビデオ，動画**

▶ テレビゲームをする
play ＿＿＿ games

**68** 最重要 ★★★★ スポーツ・趣味・食べ物

名 **昼食**

▶ **昼食**を食べる
eat ＿＿＿

**63** 最重要 ★★★★ スポーツ・趣味・食べ物

名 **映画**

▶ **映画**を見に行く
go to a ＿＿＿

**69** 最重要 ★★★★ スポーツ・趣味・食べ物

名 **夕食**

▶ **夕食**前に
before ＿＿＿

**64** 最重要 ★★★★ スポーツ・趣味・食べ物

名 **ピアノ**

▶ **ピアノ**をひく
play the ＿＿＿

**70** 最重要 ★★★★ スポーツ・趣味・食べ物

名 **食べ物**

▶ 中国料理
Chinese ＿＿＿

**65** 最重要 ★★★★ スポーツ・趣味・食べ物

名 **ギター**

▶ **ギター**をひく
play the ＿＿＿

# water
ウォーファ [wɔ́ːtər]

a glass of **water**

# rice
ライス [rais]

I have **rice** for breakfast.

# bread
ブレッド [bred]

bake **bread**

# toast
トウスト [toust]

a slice of **toast**

# sandwich
セァンドウイチ [sǽndwitʃ]

eat a **sandwich**

# hamburger
ヘァンバガァ [hǽmbəːrgər]

A **hamburger**, please.

# pizza
ピーツァ [píːtsə]

a slice of **pizza**

# tea
ティー [tiː]

a cup of **tea**

# coffee
コーフィ [kɔ́ːfi]

Would you like some **coffee**?

# milk
ミゥク [milk]

a glass of **milk**

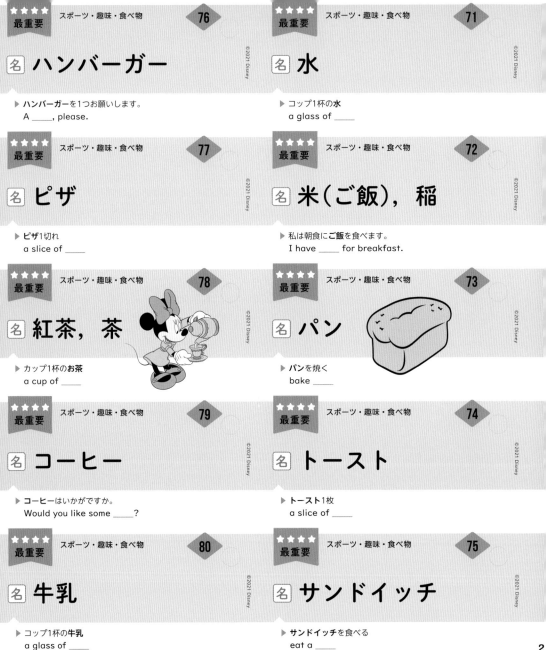

★★★★ 最重要 スポーツ・趣味・食べ物 76 ©2021 Disney

名 ハンバーガー

▶ ハンバーガーを1つお願いします。
A ____, please.

★★★★ 最重要 スポーツ・趣味・食べ物 77 ©2021 Disney

名 ピザ

▶ ピザ1切れ
a slice of ____

★★★★ 最重要 スポーツ・趣味・食べ物 78 ©2021 Disney

名 紅茶，茶

▶ カップ1杯のお茶
a cup of ____

★★★★ 最重要 スポーツ・趣味・食べ物 79 ©2021 Disney

名 コーヒー

▶ コーヒーはいかがですか。
Would you like some ____?

★★★★ 最重要 スポーツ・趣味・食べ物 80 ©2021 Disney

名 牛乳

▶ コップ1杯の牛乳
a glass of ____

★★★★ 最重要 スポーツ・趣味・食べ物 71 ©2021 Disney

名 水

▶ コップ1杯の水
a glass of ____

★★★★ 最重要 スポーツ・趣味・食べ物 72 ©2021 Disney

名 米（ご飯），稲

▶ 私は朝食にご飯を食べます。
I have ____ for breakfast.

★★★★ 最重要 スポーツ・趣味・食べ物 73 ©2021 Disney

名 パン

▶ パンを焼く
bake ____

★★★★ 最重要 スポーツ・趣味・食べ物 74 ©2021 Disney

名 トースト

▶ トースト1枚
a slice of ____

★★★★ 最重要 スポーツ・趣味・食べ物 75 ©2021 Disney

名 サンドイッチ

▶ サンドイッチを食べる
eat a ____

2

# júice

ヂュース [dʒuːs]

orange **juice**

# ápple

エァ ボゥ [ǽpl]

Minnie really likes **apples.**

# frúit

フ**ルー**ト [fruːt]

grow **fruit**

# órange

オー**リン**ヂ [ɔ́ːrindʒ]

Let's eat this **orange.**

# végetable

**ヴェ**ヂタ ボゥ [védʒtəbl]

Eat more **vegetables.**

# égg

**エ**グ [eg]

I need some **eggs.**

# potáto

ポ**テイ**トウ [pətéitou]

**potato** salad

# sálad

**セ**アラ ド [sǽləd]

make **salad**

# tomáto

ト**メイ**トウ [təméitou]

She likes **tomatoes.**

# cáke

**ケイ**ク [keik]

We love **cake.**

★★★★ 最重要　スポーツ・趣味・食べ物　86

名 りんご

▶ ミニーは本当に**りんご**が好きです。
Minnie really likes _____.

★★★★ 最重要　スポーツ・趣味・食べ物　81

名 ジュース

▶ オレンジ**ジュース**
orange _____

★★★★ 最重要　スポーツ・趣味・食べ物　87

名 オレンジ

▶ この**オレンジ**を食べましょう。
Let's eat this _____.

★★★★ 最重要　スポーツ・趣味・食べ物　82

名 果物

▶ **果物**を栽培する
grow _____

★★★★ 最重要　スポーツ・趣味・食べ物　88

名 卵

▶ 私は**卵**がいくつか必要です。
I need some _____.

★★★★ 最重要　スポーツ・趣味・食べ物　83

名 野菜

▶ **野菜**をもっと食べなさい。
Eat more _____.

★★★★ 最重要　スポーツ・趣味・食べ物　89

名 サラダ

▶ **サラダ**をつくる
make _____

★★★★ 最重要　スポーツ・趣味・食べ物　84

名 じゃがいも

▶ ポテト**サラダ**
_____ salad

★★★★ 最重要　スポーツ・趣味・食べ物　90

名 ケーキ

▶ 私たちは**ケーキ**が大好きです。
We love _____.

★★★★ 最重要　スポーツ・趣味・食べ物　85

名 トマト

▶ 彼女は**トマト**が好きです。
She likes _____.

©2021 Disney

24

**最重要** ★★★★ 家族・学校　**91**

# friend
フレンド [frend]

good **friends**

**最重要** ★★★★ 家族・学校　**96**

# brother
ブラザァ [brʌ́ðər]

We are **brothers**.

**最重要** ★★★★ 家族・学校　**92**

# family
フェァミリ [fǽməli]

a **family** of four

**最重要** ★★★★ 家族・学校　**97**

# sister
スィスタァ [sístər]

Do you have any brothers or **sisters**?

**最重要** ★★★★ 家族・学校　**93**

# father
ファーザァ [fáːðər]

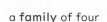

My **father** is a good cook.

**最重要** ★★★★ 家族・学校　**98**

# grandfather
グレァンファーザァ [grǽndfɑːðər]

talk with his **grandfather**

**最重要** ★★★★ 家族・学校　**94**

# mother
マザァ [mʌ́ðər]

My **mother** is a doctor.

**最重要** ★★★★ 家族・学校　**99**

# grandmother
グレァンマザァ [grǽndmʌðər]

help my **grandmother**

**最重要** ★★★★ 家族・学校　**95**

# parent
ペァレント [péərənt]

My **parents** are nice.

**最重要** ★★★★ 家族・学校　**100**

# grandparent
グレァンペァレント [grǽndpeərənt]

my **grandparents'** house

**★★★★ 最重要** 家族・学校 **96**

名 兄，弟

▶ ぼくたちは**兄弟**です。
We are ＿＿＿.

**★★★★ 最重要** 家族・学校 **91**

名 友達

▶ よい**友達**
good ＿＿＿

**★★★★ 最重要** 家族・学校 **97**

名 姉，妹

▶ あなたには兄弟か**姉妹**はいますか。
Do you have any brothers or ＿＿＿?

**★★★★ 最重要** 家族・学校 **92**

名 家族

▶ 4人**家族**
a ＿＿＿ of four

**★★★★ 最重要** 家族・学校 **98**

名 祖父

▶ 彼の**おじいさん**と話す
talk with his ＿＿＿

**★★★★ 最重要** 家族・学校 **93**

名 父

▶ 私の**父**は料理が上手です。
My ＿＿＿ is a good cook.

**★★★★ 最重要** 家族・学校 **99**

名 祖母

▶ 私の**祖母**を手伝う
help my ＿＿＿

**★★★★ 最重要** 家族・学校 **94**

名 母

▶ 私の**母**は医師です。
My ＿＿＿ is a doctor.

**★★★★ 最重要** 家族・学校 **100**

名 祖父，祖母

▶ **祖父母**の家
my ＿＿＿ house

**★★★★ 最重要** 家族・学校 **95**

名 親，（複数形で）両親

▶ 私の**両親**はすてきです。
My ＿＿＿ are nice.

最重要 家族・学校

## child （複数形は children）
チャーイゥド [tʃaild]

a small **child**

最重要 家族・学校

## cousin
カズン [kʌ́zn]

This is my **cousin.**

最重要 家族・学校

## boy
ボーイ [bɔi]

Look at that **boy.**

最重要 家族・学校

## school
スクーゥ [skuːl]

We play baseball after **school.**

最重要 家族・学校

## girl
ガ〜ゥ [gəːrl]

Do you know that **girl?**

最重要 家族・学校

## teacher
ティーチャァ [tiːtʃər]

a math **teacher**

最重要 家族・学校

## uncle
アンコゥ [ʌ́ŋkl]

visit my **uncle** in Hokkaido

最重要 家族・学校

## student
ステューデント [stjúːdənt]

Are you a good **student?**

最重要 家族・学校

## aunt
エァント [ænt]

meet my **aunt** at the station

最重要 家族・学校

## junior high school
デューニャハーイスクーゥ [dʒùːnjər hái skuːl]

a **junior high school** student

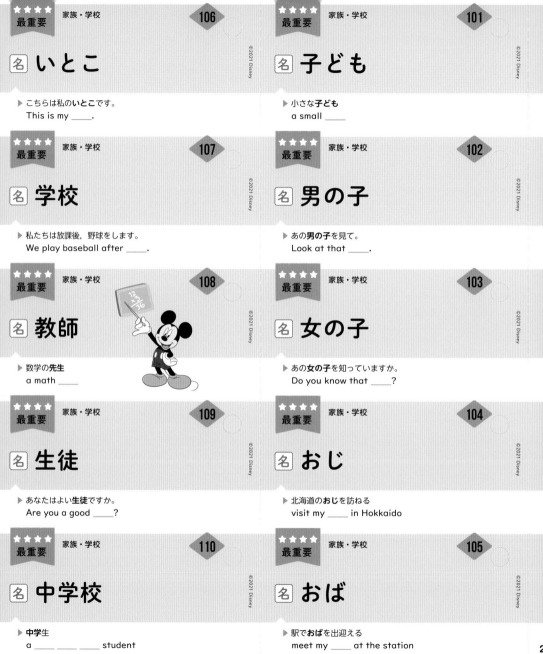

| | |
|---|---|
| ★★★★ 最重要　家族・学校　106　©2021 Disney<br>**名** **いとこ**<br>▶ こちらは私の**いとこ**です。<br>This is my ____. | ★★★★ 最重要　家族・学校　101　©2021 Disney<br>**名** **子ども**<br>▶ 小さな**子ども**<br>a small ____ |
| ★★★★ 最重要　家族・学校　107　©2021 Disney<br>**名** **学校**<br>▶ 私たちは放課後，野球をします。<br>We play baseball after ____. | ★★★★ 最重要　家族・学校　102　©2021 Disney<br>**名** **男の子**<br>▶ あの**男の子**を見て。<br>Look at that ____. |
| ★★★★ 最重要　家族・学校　108　©2021 Disney<br>**名** **教師**<br>▶ 数学の**先生**<br>a math ____ | ★★★★ 最重要　家族・学校　103　©2021 Disney<br>**名** **女の子**<br>▶ あの**女の子**を知っていますか。<br>Do you know that ____? |
| ★★★★ 最重要　家族・学校　109　©2021 Disney<br>**名** **生徒**<br>▶ あなたはよい**生徒**ですか。<br>Are you a good ____? | ★★★★ 最重要　家族・学校　104　©2021 Disney<br>**名** **おじ**<br>▶ 北海道の**おじ**を訪ねる<br>visit my ____ in Hokkaido |
| ★★★★ 最重要　家族・学校　110　©2021 Disney<br>**名** **中学校**<br>▶ **中学生**<br>a ____ ____ ____ student | ★★★★ 最重要　家族・学校　105　©2021 Disney<br>**名** **おば**<br>▶ 駅で**おば**を出迎える<br>meet my ____ at the station |

2

**★★★★ 最重要** 家族・学校

# class
クレアス [klæs]

English **class**

---

**★★★★ 最重要** 家族・学校

# Japanese
ヂェアパニーズ [dʒæpəníːz]

speak **Japanese**

---

**★★★★ 最重要** 家族・学校

# classroom
クレアスルーム [klæsruːm]

read a book in the **classroom**

---

**★★★★ 最重要** 家族・学校

# English
イングリシュ [íŋgliʃ]

write in **English**

---

**★★★★ 最重要** 家族・学校

# gym
ヂム [dʒim]

play basketball in the **gym**

---

**★★★★ 最重要** 家族・学校

# math
メアス [mæθ]

study **math**

---

**★★★★ 最重要** 家族・学校

# classmate
クレアスメイト [klæsmeit]

Is he your **classmate**?

---

**★★★★ 最重要** 家族・学校

# science
サーイエンス [sáiəns]

a **science** teacher

---

**★★★★ 最重要** 家族・学校

# subject
サブヂェクト [sʌ́bdʒekt]

my favorite **subject**

---

**★★★★ 最重要** 家族・学校

# history
ヒストゥリ [hístəri]

Japanese **history**

| ★★★★ 最重要 | 家族・学校 | 116 |
|---|---|---|

名 形
# 日本語(国語)，日本人 日本の

▶ **日本語**を話す
speak ＿＿＿＿

| ★★★★ 最重要 | 家族・学校 | 111 |
|---|---|---|

名
# 授業，クラス

▶ 英語の**授業**
English ＿＿＿＿

| ★★★★ 最重要 | 家族・学校 | 117 |
|---|---|---|

名 形
# 英語 英語の，イングランドの

▶ **英語**で書く
write in ＿＿＿＿

| ★★★★ 最重要 | 家族・学校 | 112 |
|---|---|---|

名
# 教室

▶ **教室**で本を読む
read a book in the ＿＿＿＿

| ★★★★ 最重要 | 家族・学校 | 118 |
|---|---|---|

名
# 数学

▶ **数学**を勉強する
study ＿＿＿＿

| ★★★★ 最重要 | 家族・学校 | 113 |
|---|---|---|

名
# 体育館

▶ **体育館**でバスケットボールをする
play basketball in the ＿＿＿＿

| ★★★★ 最重要 | 家族・学校 | 119 |
|---|---|---|

名
# 理科，科学

▶ **理科**の先生
a ＿＿＿＿ teacher

| ★★★★ 最重要 | 家族・学校 | 114 |
|---|---|---|

名
# クラスメイト

▶ 彼はあなたの**クラスメイト**ですか。
Is he your ＿＿＿＿?

| ★★★★ 最重要 | 家族・学校 | 120 |
|---|---|---|

名
# 歴史

▶ 日本**史**
Japanese ＿＿＿＿

| ★★★★ 最重要 | 家族・学校 | 115 |
|---|---|---|

名
# 教科

▶ 私のいちばん好きな**教科**
my favorite ＿＿＿＿

3

家族・学校  121

# músic
ミューズィク [mjúːzik]

We like **music**.

 身の回りのもの  126

# táble
テイボゥ [téibl]

on the **table**

---

 家族・学校 122

# hómework
ホウムワ〜ク [hóumwəːrk]

do my **homework**

 身の回りのもの 127

# désk
デスク [desk]

under the **desk**

---

 家族・学校 123

# téxtbook
テクストブク [tékstbuk]

Open your **textbook**.

身の回りのもの 128

# cháir
チエアァ [tʃeər]

sit on the **chair**

---

 身の回りのもの 124

# compúter
コンピュータァ [kəmpjúːtər]

use a **computer**

 身の回りのもの 129

# pén
ペン [pen]

Use this **pen**.

---

 身の回りのもの 125

# béd
ベッド [bed]

go to **bed**

 身の回りのもの 130

# péncil
ペンスゥ [pénsl]

my **pencil**

最重要

31

**★★★★ 最重要** 身の回りのもの 126 ©2021 Disney

名 テーブル

▶ テーブルの上に
on the _____

**★★★★ 最重要** 家族・学校 121 ©2021 Disney

名 音楽

▶ 私たちは音楽が好きです。
We like _____.

**★★★★ 最重要** 身の回りのもの 127 ©2021 Disney

名 机

▶ 机の下に
under the _____

**★★★★ 最重要** 家族・学校 122 ©2021 Disney

名 宿題

▶ 自分の宿題をする
do my _____

**★★★★ 最重要** 身の回りのもの 128 ©2021 Disney

名 いす

▶ いすにすわる
sit on the _____

**★★★★ 最重要** 家族・学校 123 ©2021 Disney

名 教科書

▶ 教科書を開きなさい。
Open your _____.

**★★★★ 最重要** 身の回りのもの 129 ©2021 Disney

名 ペン

▶ このペンを使いなさい。
Use this _____.

**★★★★ 最重要** 身の回りのもの 124 ©2021 Disney

名 コンピューター

▶ コンピューターを使う
use a _____

**★★★★ 最重要** 身の回りのもの 130 ©2021 Disney

名 えんぴつ

▶ 私のえんぴつ
my _____

**★★★★ 最重要** 身の回りのもの 125 ©2021 Disney

名 ベッド

▶ 寝る
go to _____

★★★★ 最重要　身の回りのもの

# eraser
イレイサァ [iréisər]

I'm looking for my **eraser**.

★★★★ 最重要　身の回りのもの

# camera
キャメラ [kǽmərə]

my favorite **camera**

---

★★★★ 最重要　身の回りのもの

# book
ブック [buk]

read a **book**

★★★★ 最重要　身の回りのもの

# picture
ピクチャァ [píktʃər]

take a **picture**

---

★★★★ 最重要　身の回りのもの

# notebook
ノウトブク [nóutbuk]

the **notebook** on the desk

★★★★ 最重要　身の回りのもの

# map
メアプ [mæp]

look at the **map**

---

★★★★ 最重要　身の回りのもの

# dictionary
ディクショネリ [díkʃəneri]

use a **dictionary**

★★★★ 最重要　身の回りのもの

# ball
ボーゥ [bɔːl]

This is my **ball**.

---

★★★★ 最重要　身の回りのもの

# clock
クラーク [klɑk]

an old **clock**

★★★★ 最重要　身の回りのもの

# box
バークス [bɑks]

a lot of **boxes**

名 カメラ

★★★★ 最重要　身の回りのもの　136

© 2021 Disney

▶ 私のお気に入りの**カメラ**
my favorite ＿＿＿＿

---

名 写真, 絵

★★★★ 最重要　身の回りのもの　137

© 2021 Disney

▶ **写真**を撮る
take a ＿＿＿＿

---

名 地図

★★★★ 最重要　身の回りのもの　138

© 2021 Disney

▶ **地図**を見る
look at the ＿＿＿＿

---

名 ボール

★★★★ 最重要　身の回りのもの　139

© 2021 Disney

▶ これは私の**ボール**です。
This is my ＿＿＿＿.

---

名 箱

★★★★ 最重要　身の回りのもの　140

© 2021 Disney

▶ たくさんの**箱**
a lot of ＿＿＿＿

---

名 消しゴム

★★★★ 最重要　身の回りのもの　131

© 2021 Disney

▶ 私は**消しゴム**をさがしています。
I'm looking for my ＿＿＿＿.

---

名 本

★★★★ 最重要　身の回りのもの　132

© 2021 Disney

▶ **本**を読む
read a ＿＿＿＿

---

名 ノート

★★★★ 最重要　身の回りのもの　133

© 2021 Disney

▶ 机の上の**ノート**
the ＿＿＿＿ on the desk

---

名 辞書

★★★★ 最重要　身の回りのもの　134

© 2021 Disney

▶ **辞書**を使う
use a ＿＿＿＿

---

名 （置き）時計

★★★★ 最重要　身の回りのもの　135

© 2021 Disney

▶ 古い**時計**
an old ＿＿＿＿

# phone
フォウン [foun]

speak on the **phone**

# smartphone
スマートフォウン [smáːrtfoun]

I want a new **smartphone**.

# pet
ペット [pet]

Do you have any **pets**?

# dog
ドーグ [dɔːg]

I like **dogs**.

# cat
キャット [kæt]

I don't like **cats**.

# bag
ベァグ [bæg]

a paper **bag**

# T-shirt
ティーシャ〜ト [tíːʃəːrt]

my favorite **T-shirt**

# sweater
スウェタァ [swétər]

put on the **sweater**

# towel
タウェゥ [táuəl]

a face **towel**

# coat
コウト [kout]

take off the **coat**

| ★★★★ 最重要 | 身の回りのもの | 146 |
|---|---|---|

**名** かばん，袋

▶ 紙袋
a paper ＿＿＿＿

| ★★★★ 最重要 | 身の回りのもの | 141 |
|---|---|---|

**名** 電話

▶ 電話で話す
speak on the ＿＿＿＿

| ★★★★ 最重要 | 身の回りのもの | 147 |
|---|---|---|

**名** Ｔシャツ

▶ 私のお気に入りのTシャツ
my favorite ＿＿＿＿

| ★★★★ 最重要 | 身の回りのもの | 142 |
|---|---|---|

**名** スマートフォン
「携帯電話」は cellphone

▶ 私は新しいスマートフォンがほしいです。
I want a new ＿＿＿＿.

| ★★★★ 最重要 | 身の回りのもの | 148 |
|---|---|---|

**名** セーター

▶ セーターを着る
put on the ＿＿＿＿

| ★★★★ 最重要 | 身の回りのもの | 143 |
|---|---|---|

**名** ペット

▶ あなたは何かペットを飼っていますか。
Do you have any ＿＿＿＿?

| ★★★★ 最重要 | 身の回りのもの | 149 |
|---|---|---|

**名** タオル

▶ フェイスタオル
a face ＿＿＿＿

| ★★★★ 最重要 | 身の回りのもの | 144 |
|---|---|---|

**名** 犬

▶ 私は犬が好きです。
I like ＿＿＿＿.

| ★★★★ 最重要 | 身の回りのもの | 150 |
|---|---|---|

**名** コート

▶ コートを脱ぐ
take off the ＿＿＿＿

| ★★★★ 最重要 | 身の回りのもの | 145 |
|---|---|---|

**名** ねこ

▶ 私はねこが好きではありません。
I don't like ＿＿＿＿.

3

**最重要** ★★★★ 身の回りのもの  151

# shoe
シュー [ʃuː]

Please take off your **shoes** here.

---

**最重要** ★★★★ 身の回りのもの  156

# door
ドーァ [dɔːr]

open the **door**

---

**最重要** ★★★★ 身の回りのもの  152

# hat
ヘァト [hæt]

wear a **hat**

---

**最重要** ★★★★ 身の回りのもの  157

# window
ウィンドウ [windou]

open the **window**

---

**最重要** ★★★★ 身の回りのもの  153

# umbrella
アンブレラ [ʌmbrélə]

take an **umbrella** with you

---

**最重要** ★★★★ 身の回りのもの  158

# kitchen
キチン [kítʃin]

in the **kitchen**

---

**最重要** ★★★★ 身の回りのもの  154

# house
ハーウス [haus]

a big **house**

---

**最重要** ★★★★ 身の回りのもの  159

# bath
ベァス [bæθ]

take a **bath**

---

**最重要** ★★★★ 身の回りのもの  155

# room
ルーム [ruːm]

She is in her **room**.

---

**最重要** ★★★★ 身の回りのもの  160

# living room
リヴィンルーム [líviŋ ruːm]

He's in the **living room**.

**最重要** ★★★★ 　身の回りのもの　156

**名** ドア

▶ ドアを開ける
open the _____

---

**最重要** ★★★★ 　身の回りのもの　151

**名** くつ

▶ ここでくつを脱いでください。
Please take off your _____ here.

---

**最重要** ★★★★ 　身の回りのもの　157

**名** 窓

▶ 窓を開ける
open the _____

---

**最重要** ★★★★ 　身の回りのもの　152

**名** ぼうし

▶ ぼうしをかぶっている
wear a _____

---

**最重要** ★★★★ 　身の回りのもの　158

**名** 台所

▶ 台所で
in the _____

---

**最重要** ★★★★ 　身の回りのもの　153

**名** かさ

▶ かさを持っていく
take an _____ with you

---

**最重要** ★★★★ 　身の回りのもの　159

**名** ふろ

▶ ふろに入る
take a _____

---

**最重要** ★★★★ 　身の回りのもの　154

**名** 家

▶ 大きな家
a big _____

---

**最重要** ★★★★ 　身の回りのもの　160

**名** 居間, リビングルーム

▶ 彼は居間にいます。
He's in the _____ _____.

---

**最重要** ★★★★ 　身の回りのもの　155

**名** 部屋

▶ 彼女は自分の部屋にいます。
She is in her _____.

3

形容詞❶・副詞 161

# good

グード [gud]

He's a **good** soccer player.

 形容詞❶・副詞 166

# beautiful

ビューティフォ [bjú:təfəl]

a **beautiful** flower

---

 形容詞❶・副詞 162

# bad

ベァド [bæd]

That's too **bad**.

 形容詞❶・副詞 167

# happy

ヘァピ [hǽpi]

I'm very **happy**.

---

 形容詞❶・副詞 163

# nice

ナーイス [nais]

**Nice** to meet you.

 形容詞❶・副詞 168

# sad

セァド [sæd]

Minnie looks **sad**.

---

 形容詞❶・副詞 164

# great

グレイト [greit]

That's a **great** idea!

 形容詞❶・副詞 169

# kind

カーインド [kaind]

Mickey is **kind**.

---

 形容詞❶・副詞 165

# fine

ファーイン [fain]

Are you OK? — I'm **fine**.

 形容詞❶・副詞 170

# new

ニュー [nju:]

a **new** dress

★★★★ 最重要　形容詞❶・副詞　166

形 美しい

▶ 美しい花
a _____ flower

★★★★ 最重要　形容詞❶・副詞　161

形 よい，上手な

▶ 彼は**上手な**サッカー選手です。
He's a _____ soccer player.

★★★★ 最重要　形容詞❶・副詞　167

形 幸せな，うれしい

▶ 私はとても**幸せ**です。
I'm very _____.

★★★★ 最重要　形容詞❶・副詞　162

形 悪い

▶ それは**残念**ですね。
That's too _____.

★★★★ 最重要　形容詞❶・副詞　168

形 悲しい

▶ ミニーは**悲し**そうに見えます。
Minnie looks _____.

★★★★ 最重要　形容詞❶・副詞　163

形 すてきな，
親切な，優しい

▶ はじめまして。
_____ to meet you.

★★★★ 最重要　形容詞❶・副詞　169

形 親切な
名 種類

▶ ミッキーは**親切**です。
Mickey is _____.

★★★★ 最重要　形容詞❶・副詞　164

形 すばらしい，偉大な

▶ それは**すばらしい**考えです！
That's a _____ idea!

★★★★ 最重要　形容詞❶・副詞　170

形 新しい

▶ **新しい**ドレス
a _____ dress

★★★★ 最重要　形容詞❶・副詞　165

形 けっこうな，元気な

▶ 〈体調などを心配して〉大丈夫？ ― **大丈夫**です。
Are you OK? ― I'm _____.

©2021 Disney

40

★★★★ 最重要　形容詞❶・副詞

# old
オウゥド [ould]

How **old** are you?

★★★★ 最重要　形容詞❶・副詞

# short
ショート [ʃɔːrt]

a **short** story

---

★★★★ 最重要　形容詞❶・副詞

# young
ヤング [jʌŋ]

They're **young**.

★★★★ 最重要　形容詞❶・副詞

# high
ハーイ [hai]

a **high** mountain

---

★★★★ 最重要　形容詞❶・副詞

# big
ビーグ [big]

a **big** apple

★★★★ 最重要　形容詞❶・副詞

# low
ロウ [lou]

at a **low** price

---

★★★★ 最重要　形容詞❶・副詞

# small
スモーゥ [smɔːl]

a **small** country

★★★★ 最重要　形容詞❶・副詞

# every
エヴリ [évri]

He runs **every** day.

---

★★★★ 最重要　形容詞❶・副詞

# long
ローング [lɔːŋ]

for a **long** time

★★★★ 最重要　形容詞❶・副詞

# all
オーゥ [ɔːl]

**All** the flowers are beautiful.

**最重要** 形容詞❶・副詞 176

形 短い，背が低い

▶ 短い物語
a ＿＿＿ story

---

**最重要** 形容詞❶・副詞 171

形 古い

▶ あなたは何歳ですか。
How ＿＿＿ are you?

---

**最重要** 形容詞❶・副詞 177

形 高い

▶ 高い山
a ＿＿＿ mountain

---

**最重要** 形容詞❶・副詞 172

形 若い

▶ 彼らは若い。
They're ＿＿＿.

---

**最重要** 形容詞❶・副詞 178

形 低い

▶ 安い値段で
at a ＿＿＿ price

---

**最重要** 形容詞❶・副詞 173

形 大きい

▶ 大きいりんご
a ＿＿＿ apple

---

**最重要** 形容詞❶・副詞 179

形 毎〜，どの〜も

▶ 彼は毎日走ります。
He runs ＿＿＿ day.

---

**最重要** 形容詞❶・副詞 174

形 小さい

▶ 小さな国
a ＿＿＿ country

---

**最重要** 形容詞❶・副詞 180

形
代 すべての
すべてのもの[人]

▶ すべての花が美しい。
＿＿＿ the flowers are beautiful.

---

**最重要** 形容詞❶・副詞 175

形 長い

▶ 長い間
for a ＿＿＿ time

4

**181**

最重要 形容詞❶・副詞

## sóme
サム [sʌm]

some boys

**182**

最重要 形容詞❶・副詞

## ány
エニ [éni]

Do you have any questions?

**183**

最重要 形容詞❶・副詞

## a lót of ~

a lot of money

**184**

最重要 形容詞❶・副詞

## mány
メニ [méni]

many presents

**185**

最重要 形容詞❶・副詞

## múch
マッチ [mʌtʃ]

I don't have much time.

**186**

最重要 形容詞❶・副詞

## nó
ノウ [nou]

I have no friends in Tokyo.

**187**

最重要 形容詞❶・副詞

## álways
オーゥウェイズ [ɔ́ːlweiz]

She is always busy.

**188**

最重要 形容詞❶・副詞

## úsually
ユージュアリ [júːʒuəli]

I usually get up at seven.

**189**

最重要 形容詞❶・副詞

## óften
オーフン [ɔ́ːfn]

I often play the guitar.

**190**

最重要 形容詞❶・副詞

## sómetimes
サムタイムズ [sʌ́mtaimz]

I sometimes go to school by bus.

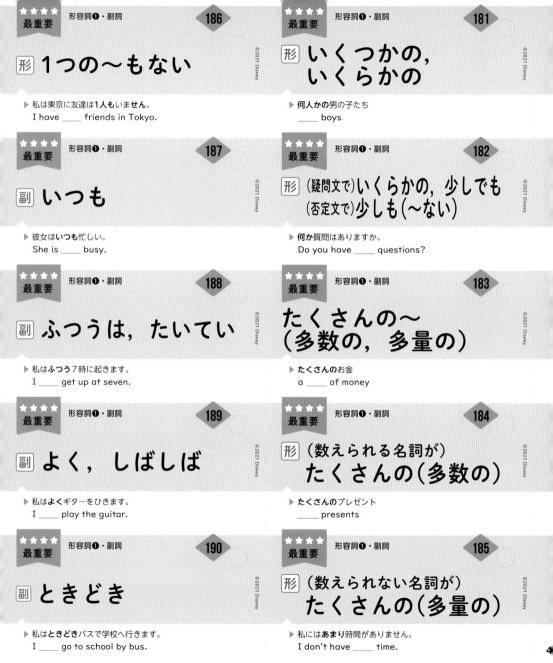

**186** 最重要　形容詞❶・副詞

形 1つの〜もない

▶ 私は東京に友達は1人もいません。
I have ＿＿＿ friends in Tokyo.

**187** 最重要　形容詞❶・副詞

副 いつも

▶ 彼女はいつも忙しい。
She is ＿＿＿ busy.

**188** 最重要　形容詞❶・副詞

副 ふつうは，たいてい

▶ 私はふつう7時に起きます。
I ＿＿＿ get up at seven.

**189** 最重要　形容詞❶・副詞

副 よく，しばしば

▶ 私はよくギターをひきます。
I ＿＿＿ play the guitar.

**190** 最重要　形容詞❶・副詞

副 ときどき

▶ 私はときどきバスで学校へ行きます。
I ＿＿＿ go to school by bus.

**181** 最重要　形容詞❶・副詞

形 いくつかの，いくらかの

▶ 何人かの男の子たち
＿＿＿ boys

**182** 最重要　形容詞❶・副詞

形 (疑問文で)いくらかの，少しでも
(否定文で)少しも(〜ない)

▶ 何か質問はありますか。
Do you have ＿＿＿ questions?

**183** 最重要　形容詞❶・副詞

たくさんの〜
(多数の，多量の)

▶ たくさんのお金
a ＿＿＿ of money

**184** 最重要　形容詞❶・副詞

形 (数えられる名詞が)
たくさんの(多数の)

▶ たくさんのプレゼント
＿＿＿ presents

**185** 最重要　形容詞❶・副詞

形 (数えられない名詞が)
たくさんの(多量の)

▶ 私にはあまり時間がありません。
I don't have ＿＿＿ time.

4

最重要 　形容詞❶・副詞　**191**

# here
ヒアァ [hiər]

come **here**

---

最重要 　形容詞❶・副詞　**196**

# very
ヴェリ [véri]

**very** interesting

---

最重要 　形容詞❶・副詞　**192**

# there
ゼアァ [ðeər]

go **there**

---

最重要 　形容詞❶・副詞　**197**

# really
リーァリ [ríːəli]

She **really** likes cats.

---

最重要 　形容詞❶・副詞　**193**

# home
ホウム [houm]

go **home**

---

最重要 　形容詞❶・副詞　**198**

# again
アゲン [əgén]

say that **again**

---

最重要 　形容詞❶・副詞　**194**

# now
ナーゥ [nau]

It's not raining **now**.

---

最重要 　形容詞❶・副詞　**199**

# together
トゥゲザァ [təgéðər]

go **together**

---

最重要 　形容詞❶・副詞　**195**

# then
ゼン [ðen]

I was watching TV **then**.

---

最重要 　形容詞❶・副詞　**200**

# right
ラーイト [rait]

the **right** hand

| | |
|---|---|
| **最重要** ★★★★ 形容詞❶・副詞 196<br><br>副 **とても**<br><br>▶ **とても**おもしろい<br>＿＿＿ interesting | **最重要** ★★★★ 形容詞❶・副詞 191<br><br>副 **ここに，ここで**<br><br>▶ **ここに**来る<br>come ＿＿＿ |
| **最重要** ★★★★ 形容詞❶・副詞 197<br><br>副 **本当に**<br><br>▶ 彼女は**本当に**ねこが好きです。<br>She ＿＿＿ likes cats. | **最重要** ★★★★ 形容詞❶・副詞 192<br><br>副 **そこに，そこで**<br><br>▶ **そこに**行く<br>go ＿＿＿ |
| **最重要** ★★★★ 形容詞❶・副詞 198<br><br>副 **再び**<br><br>▶ それを**もう一度**言う<br>say that ＿＿＿ | **最重要** ★★★★ 形容詞❶・副詞 193<br><br>副 **家に，家で**<br><br>▶ **家に**帰る<br>go ＿＿＿ |
| **最重要** ★★★★ 形容詞❶・副詞 199<br><br>副 **いっしょに**<br><br>▶ **いっしょに**行く<br>go ＿＿＿ | **最重要** ★★★★ 形容詞❶・副詞 194<br><br>副 **今**<br><br>▶ **今は**雨が降っていません。<br>It's not raining ＿＿＿. |
| **最重要** ★★★★ 形容詞❶・副詞 200<br><br>名 形 副 **右（の，に）**<br>形 **正しい**<br><br>▶ **右**手<br>the ＿＿＿ hand | **最重要** ★★★★ 形容詞❶・副詞 195<br><br>副 **そのとき，それから**<br><br>▶ 私は**そのとき**テレビを見ていました。<br>I was watching TV ＿＿＿. |

©2021 Disney

4

# léft
レフト [left]

the **left** hand

# láte
レイト [leit]

I was **late** for my date.

# wróng
ローング [rɔːŋ]

That's **wrong**.

# búsy
ビズィ [bizi]

I'm **busy** right now.

# néxt
ネクスト [nekst]

**next** week

# frée
フリー [friː]

Are you **free** today?

# lást
レアスト [læst]

**last** year

# tired
タイアァド [táiərd]

Minnie is **tired**.

# éarly
ア〜リ [ɔ́ːrli]

get up **early**

# sléepy
スリーピ [slíːpi]

I'm **sleepy**. I want to go to bed.

| ★★★★ 最重要 | 形容詞❶・副詞 | 206 |

形 遅い，遅れた

▶ デートに**遅れ**ました。
I was _____ for my date.

| ★★★★ 最重要 | 形容詞❶・副詞 | 201 |

名 形 副 左（の，に）

▶ **左**手
the _____ hand

| ★★★★ 最重要 | 形容詞❶・副詞 | 207 |

形 忙しい

▶ 今，**忙しい**です。
I'm _____ right now.

| ★★★★ 最重要 | 形容詞❶・副詞 | 202 |

形 まちがった

▶ それは**まちがい**です。
That's _____.

| ★★★★ 最重要 | 形容詞❶・副詞 | 208 |

形 自由な，ひまな

▶ あなたは今日，**ひま**ですか。
Are you _____ today?

| ★★★★ 最重要 | 形容詞❶・副詞 | 203 |

形 次の

▶ **来**週
_____ week

| ★★★★ 最重要 | 形容詞❶・副詞 | 209 |

形 疲れた

▶ ミニーは**疲れ**ています。
Minnie is _____.

| ★★★★ 最重要 | 形容詞❶・副詞 | 204 |

形 この前の，最後の

▶ **去**年
_____ year

| ★★★★ 最重要 | 形容詞❶・副詞 | 210 |

形 眠い

▶ 私は**眠い**。寝たいです。
I'm _____. I want to go to bed.

| ★★★★ 最重要 | 形容詞❶・副詞 | 205 |

形 早い
副 早く

▶ **早く**起きる
get up _____

©2021 Disney

48

★★★★ 最重要　形容詞❶・副詞　211

# hungry
ハングリ [hʌ́ŋgri]

Are you hungry?

★★★★ 最重要　形容詞❶・副詞　216

# popular
パーピュラァ [pápjulər]

Minnie is popular.

★★★★ 最重要　形容詞❶・副詞　212

# thirsty
サ〜スティ [θə́:rsti]

I'm thirsty.

★★★★ 最重要　形容詞❶・副詞　217

# famous
フェイマス [féiməs]

a famous player

★★★★ 最重要　形容詞❶・副詞　213

# favorite
フェイヴァリト [féivərit]

my favorite song

★★★★ 最重要　形容詞❶・副詞　218

# large
ラーヂ [la:rdʒ]

A large orange juice, please.

★★★★ 最重要　形容詞❶・副詞　214

# interesting
インタリスティング [íntəristiŋ]

This is interesting.

★★★★ 最重要　形容詞❶・副詞　219

# tall
トーゥ [tɔ:l]

Goofy is taller than Max.

★★★★ 最重要　形容詞❶・副詞　215

# boring
ボーリング [bɔ́:riŋ]

This book is boring.

★★★★ 最重要　形容詞❶・副詞　220

# easy
イーズィ [í:zi]

Surfing is easy.

9

| | |
|---|---|
| ★★★★ 最重要　形容詞❶・副詞　**216** | ★★★★ 最重要　形容詞❶・副詞　**211** |
| 形 **人気のある** | 形 **空腹の** |
| ▶ ミニーは**人気があります**。<br>Minnie is ＿＿＿. | ▶ **おなかがすいています**か。<br>Are you ＿＿＿? |
| ★★★★ 最重要　形容詞❶・副詞　**217** | ★★★★ 最重要　形容詞❶・副詞　**212** |
| 形 **有名な** | 形 **のどのかわいた** |
| ▶ **有名な**選手<br>a ＿＿＿ player | ▶ **のどがかわき**ました。<br>I'm ＿＿＿. |
| ★★★★ 最重要　形容詞❶・副詞　**218** | ★★★★ 最重要　形容詞❶・副詞　**213** |
| 形 **大きい，広い** | 形 **いちばん好きな，お気に入りの** |
| ▶ **L**サイズのオレンジジュースをください。<br>A ＿＿＿ orange juice, please. | ▶ 私の**お気に入りの**歌<br>my ＿＿＿ song |
| ★★★★ 最重要　形容詞❶・副詞　**219** | ★★★★ 最重要　形容詞❶・副詞　**214** |
| 形 **背が高い** | 形 **おもしろい** |
| ▶ グーフィーはマックスより**背が高い**です。<br>Goofy is ＿＿＿ than Max. | ▶ これは**おもしろい**。<br>This is ＿＿＿. |
| ★★★★ 最重要　形容詞❶・副詞　**220** | ★★★★ 最重要　形容詞❶・副詞　**215** |
| 形 **簡単な** | 形 **つまらない** |
| ▶ サーフィンは**簡単**です。<br>Surfing is ＿＿＿. | ▶ この本は**つまらない**。<br>This book is ＿＿＿. |

**最重要** 形容詞❶・副詞  221

# difficult
ディフィカゥト [dífikəlt]

a **difficult** question

---

 **最重要** 形容詞❶・副詞 226

# different
ディファレント [dífərənt]

His idea is **different** from mine.

---

**最重要** 形容詞❶・副詞 222

# hard
ハード [haːrd]

study **hard**

---

**最重要** 形容詞❶・副詞 227

# fast
フェアスト [fæst]

run **fast**

---

**最重要** 形容詞❶・副詞 223

# soft
ソーフト [sɔːft]

a **soft** bed

---

**最重要** 形容詞❶・副詞 228

# slow
スロウ [slou]

This clock is **slow.**

---

**最重要** 形容詞❶・副詞 224

# careful
ケアフォ [kéərfəl]

Be **careful.**

---

**最重要** 代名詞・疑問詞 229

# this
ズィス [ðis]

**This** is my father.

---

**最重要** 形容詞❶・副詞 225

# same
セイム [seim]

at the **same** time

---

**最重要** 代名詞・疑問詞 230

# that
ゼァト [ðæt]

**That** bike is mine.

1

**226** 最重要 形容詞❶・副詞
形 ちがった
▶ 彼の考えは私のとちがっています。
His idea is ＿＿＿ from mine.
©2021 Disney

**221** 最重要 形容詞❶・副詞
形 難しい
▶ 難しい問題
a ＿＿＿ question
©2021 Disney

**227** 最重要 形容詞❶・副詞
形 （スピードが）速い
副 速く
▶ 速く走る
run ＿＿＿
©2021 Disney

**222** 最重要 形容詞❶・副詞
副 一生けんめいに
形 難しい，かたい
▶ 一生けんめい勉強する
study ＿＿＿
©2021 Disney

**228** 最重要 形容詞❶・副詞
形 （スピードが）遅い
▶ この時計は遅れています。
This clock is ＿＿＿.
©2021 Disney

**223** 最重要 形容詞❶・副詞
形 やわらかい
▶ やわらかいベッド
a ＿＿＿ bed
©2021 Disney

**229** 最重要 代名詞・疑問詞
代 これ
形 この
▶ こちらは私の父です。
＿＿＿ is my father.
©2021 Disney

**224** 最重要 形容詞❶・副詞
形 注意深い
▶ 注意して。 / 気をつけて。
Be ＿＿＿.
©2021 Disney

**230** 最重要 代名詞・疑問詞
代 あれ 形 あの
接 〜ということ
▶ あの自転車は私のです。
＿＿＿ bike is mine.
©2021 Disney

**225** 最重要 形容詞❶・副詞
形 同じ
▶ 同時に
at the ＿＿＿ time
©2021 Disney

 代名詞・疑問詞　231

# these
ズィーズ [ðiːz]

These are my books.

代名詞・疑問詞　236

# which
ウィッチ [hwitʃ]

Which bus goes to the station?

最重要　代名詞・疑問詞　232

# those
ゾウズ [ðouz]

Look at those people.

最重要　代名詞・疑問詞　237

# where
ウェアァ [hweər]

Where do you live?

最重要　代名詞・疑問詞　233

# what
ワット [hwat]

What is your sister's name?

最重要　代名詞・疑問詞　238

# when
ウェン [hwen]

When is your birthday?

最重要　代名詞・疑問詞　234

# who
フー [huː]

Who is this girl?

最重要　代名詞・疑問詞　239

# why
ワイ [hwai]

Why are you late?

最重要　代名詞・疑問詞　235

# whose
フーズ [huːz]

Whose pen is this? — It's mine.

最重要　代名詞・疑問詞　240

# how
ハーウ [hau]

How do you get to school?

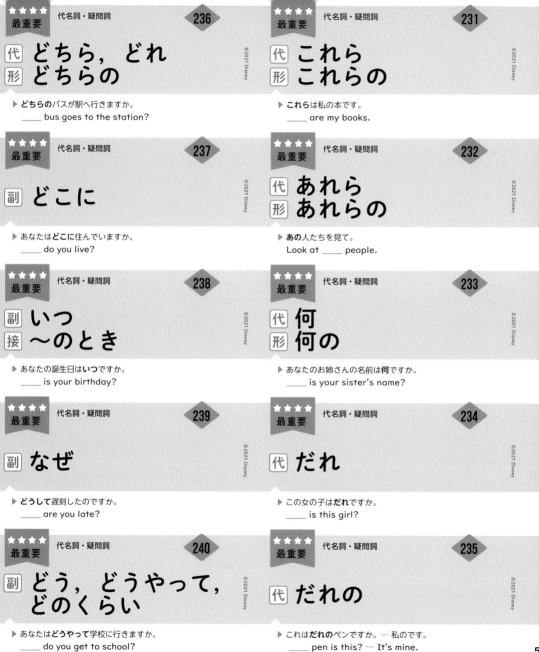

**236** 最重要 ★★★★ 代名詞・疑問詞

代 形 どちら，どれ
どちらの

▶ **どちらの**バスが駅へ行きますか。
_____ bus goes to the station?

©2021 Disney

**237** 最重要 ★★★★ 代名詞・疑問詞

副 どこに

▶ あなたは**どこに**住んでいますか。
_____ do you live?

©2021 Disney

**238** 最重要 ★★★★ 代名詞・疑問詞

副 接 いつ
〜のとき

▶ あなたの誕生日は**いつ**ですか。
_____ is your birthday?

©2021 Disney

**239** 最重要 ★★★★ 代名詞・疑問詞

副 なぜ

▶ **どうして**遅刻したのですか。
_____ are you late?

©2021 Disney

**240** 最重要 ★★★★ 代名詞・疑問詞

副 どう，どうやって，
どのくらい

▶ あなたは**どうやって**学校に行きますか。
_____ do you get to school?

©2021 Disney

**231** 最重要 ★★★★ 代名詞・疑問詞

代 形 これら
これらの

▶ **これら**は私の本です。
_____ are my books.

©2021 Disney

**232** 最重要 ★★★★ 代名詞・疑問詞

代 形 あれら
あれらの

▶ **あの**人たちを見て。
Look at _____ people.

©2021 Disney

**233** 最重要 ★★★★ 代名詞・疑問詞

代 形 何
何の

▶ あなたのお姉さんの名前は**何**ですか。
_____ is your sister's name?

©2021 Disney

**234** 最重要 ★★★★ 代名詞・疑問詞

代 だれ

▶ この女の子は**だれ**ですか。
_____ is this girl?

©2021 Disney

**235** 最重要 ★★★★ 代名詞・疑問詞

代 だれの

▶ これは**だれの**ペンですか。— 私のです。
_____ pen is this? — It's mine.

©2021 Disney

# one
ワン [wʌn]

one minute

# six
スィクス [siks]

six books

# two
トゥー [tuː]

two apples

# seven
セヴン [sévn]

get up at seven

# three
スリー [θriː]

three children

# eight
エイト [eit]

sleep for eight hours

# four
フォーァ [fɔːr]

four people

# nine
ナーイン [nain]

nine players

# five
ファーイヴ [faiv]

five players

# ten
テン [ten]

My brother is ten years old.

**★★★★ 最重要** 数・曜日・月など **246**

名 形 **6(の)**

▶ 6冊の本
\_\_\_\_\_ books

**★★★★ 最重要** 数・曜日・月など **247**

名 形 **7(の)**

▶ 7時に起きる
get up at \_\_\_\_\_

**★★★★ 最重要** 数・曜日・月など **248**

名 形 **8(の)**

▶ 8時間眠る
sleep for \_\_\_\_\_ hours

**★★★★ 最重要** 数・曜日・月など **249**

名 形 **9(の)**

▶ 9人の選手
\_\_\_\_\_ players

**★★★★ 最重要** 数・曜日・月など **250**

名 形 **10(の)**

▶ 私の弟は10歳です。
My brother is \_\_\_\_\_ years old.

**★★★★ 最重要** 数・曜日・月など **241**

名 形 代 **1(の)**
**1つ，～なもの**
（前に出た名詞をくり返すかわりに使う）

▶ 1分
\_\_\_\_\_ minute

**★★★★ 最重要** 数・曜日・月など **242**

名 形 **2(の)**

▶ 2個のりんご
\_\_\_\_\_ apples

**★★★★ 最重要** 数・曜日・月など **243**

名 形 **3(の)**

▶ 3人の子どもたち
\_\_\_\_\_ children

**★★★★ 最重要** 数・曜日・月など **244**

名 形 **4(の)**

▶ 4人の人たち
\_\_\_\_\_ people

**★★★★ 最重要** 数・曜日・月など **245**

名 形 **5(の)**

▶ 5人の選手
\_\_\_\_\_ players

# first
ファ～スト [fɔ́ːrst]

the **first** train

# hundred
ハンドレド [hʌ́ndrəd]

one **hundred**

# second
セカンド [sékənd]

on the **second** day

# thousand
サーウザンド [θáuzənd]

three **thousand**

# third
サ～ド [θɔ́ːrd]

May (the) **third**

# million
ミリョン [míljən]

one **million**

# eleven
イレヴン [ilévn]

go to bed at **eleven**

# dollar
ダーラァ [dálər]

twenty **dollars**

# twelve
トウェゥヴ [twelv]

A year has **twelve** months.

# morning
モーニング [mɔ́ːrniŋ]

in the **morning**

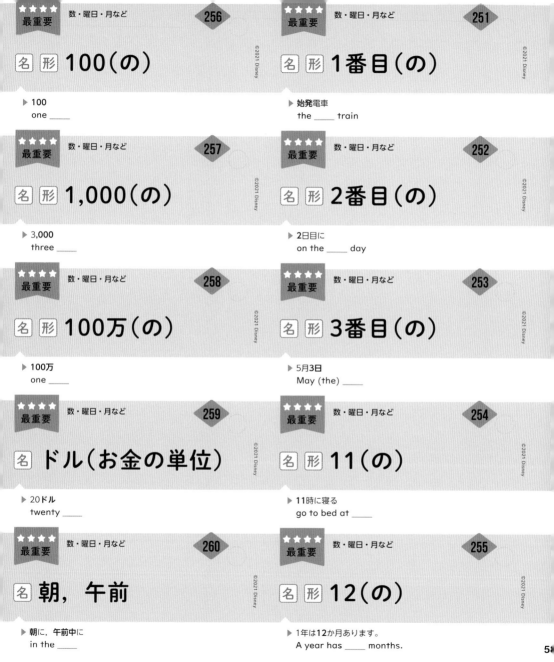

**256** 最重要 数・曜日・月など
名 形 **100(の)**
▶ 100
one ____

**251** 最重要 数・曜日・月など
名 形 **1番目(の)**
▶ 始発電車
the ____ train

**257** 最重要 数・曜日・月など
名 形 **1,000(の)**
▶ 3,000
three ____

**252** 最重要 数・曜日・月など
名 形 **2番目(の)**
▶ 2日目に
on the ____ day

**258** 最重要 数・曜日・月など
名 形 **100万(の)**
▶ 100万
one ____

**253** 最重要 数・曜日・月など
名 形 **3番目(の)**
▶ 5月3日
May (the) ____

**259** 最重要 数・曜日・月など
名 **ドル(お金の単位)**
▶ 20ドル
twenty ____

**254** 最重要 数・曜日・月など
名 形 **11(の)**
▶ 11時に寝る
go to bed at ____

**260** 最重要 数・曜日・月など
名 **朝，午前**
▶ 朝に，午前中に
in the ____

**255** 最重要 数・曜日・月など
名 形 **12(の)**
▶ 1年は12か月あります。
A year has ____ months.

数・曜日・月など　**261**

# noon
ヌーン [nu:n]

at **noon**

 数・曜日・月など　**266**

# day
デイ [dei]

What **day** is it today?

 数・曜日・月など　**262**

# afternoon
エァフタヌーン [æftərnúːn]

Good **afternoon**.

数・曜日・月など　**267**

# week
ウィーク [wi:k]

next **week**

数・曜日・月など　**263**

# evening
イーヴニング [íːvniŋ]

in the **evening**

数・曜日・月など　**268**

# month
マンス [mʌnθ]

last **month**

数・曜日・月など　**264**

# night
ナーイト [nait]

at **night**

数・曜日・月など　**269**

# year
イアァ [jiər]

I'm twelve **years** old.

数・曜日・月など　**265**

# o'clock
アクラーク [əklák]

It's ten **o'clock**.

数・曜日・月など　**270**

# hour
アーウアァ [áuər]

study for two **hours**

**266** ★★★★ 最重要　数・曜日・月など

名 日

▶ きょうは何曜日ですか。
What _____ is it today?

**267** ★★★★ 最重要　数・曜日・月など

名 週

▶ 来週
next _____

**268** ★★★★ 最重要　数・曜日・月など

名 （こよみの）月

▶ 先月
last _____

**269** ★★★★ 最重要　数・曜日・月など

名 年

▶ 私は12歳です。
I'm twelve _____ old.

**270** ★★★★ 最重要　数・曜日・月など

名 1時間

▶ 2時間勉強する
study for two _____

**261** ★★★★ 最重要　数・曜日・月など

名 正午

▶ 正午に
at _____

**262** ★★★★ 最重要　数・曜日・月など

名 午後

▶ こんにちは。
Good _____.

**263** ★★★★ 最重要　数・曜日・月など

名 夕方

▶ 夕方に
in the _____

**264** ★★★★ 最重要　数・曜日・月など

名 夜

▶ 夜に
at _____

**265** ★★★★ 最重要　数・曜日・月など

副 ～時（ちょうど）

▶ 10時です。
It's ten _____.

60

**271**

最重要 ★★★★ 数・曜日・月など

# minute
ミニト [mínit]

for thirty **minutes**

---

**272**

最重要 ★★★★ 数・曜日・月など

# today
トゥデイ [tədéi]

It's sunny **today**.

---

**273**

最重要 ★★★★ 数・曜日・月など

# yesterday
イェスタデイ [jéstərdei]

I was busy **yesterday**.

---

**274**

最重要 ★★★★ 数・曜日・月など

# tomorrow
トゥモーロウ [təmɔ́:rou]

It will be rainy **tomorrow**.

---

**275**

最重要 ★★★★ 数・曜日・月など

# date
デイト [deit]

What's the **date** today?

---

**276**

最重要 ★★★★ 数・曜日・月など

# Sunday
サンデイ [sʌ́ndei]

What do you do on **Sundays**?

---

**277**

最重要 ★★★★ 数・曜日・月など

# Monday
マンデイ [mʌ́ndei]

See you on **Monday**.

---

**278**

最重要 ★★★★ 数・曜日・月など

# Tuesday
テューズデイ [tʃú:zdei]

I cook every **Tuesday**.

---

**279**

最重要 ★★★★ 数・曜日・月など

# Wednesday
ウェンズデイ [wénzdei]

last **Wednesday**

---

**280**

最重要 ★★★★ 数・曜日・月など

# Thursday
サ～ズデイ [θə́:rzdei]

I have an English class on **Thursday**.

**276** ★★★★ 最重要　数・曜日・月など

名 **日曜日**

▶ あなたは**日曜日**に何をしますか。
What do you do on ＿＿？

**277** ★★★★ 最重要　数・曜日・月など

名 **月曜日**

▶ **月曜日**に会おうね。
See you on ＿＿.

**278** ★★★★ 最重要　数・曜日・月など

名 **火曜日**

▶ 毎週**火曜日**に料理をします。
I cook every ＿＿.

**279** ★★★★ 最重要　数・曜日・月など

名 **水曜日**

▶ この前の**水曜日**(に)
last ＿＿

**280** ★★★★ 最重要　数・曜日・月など

名 **木曜日**

▶ **木曜日**には英語の授業があります。
I have an English class on ＿＿.

**271** ★★★★ 最重要　数・曜日・月など

名 **分**

▶ 30**分**間
for thirty ＿＿

**272** ★★★★ 最重要　数・曜日・月など

副 名 **きょう**

▶ **きょう**は晴れです。
It's sunny ＿＿.

**273** ★★★★ 最重要　数・曜日・月など

副 名 **きのう**

▶ **きのう**は忙しかったです。
I was busy ＿＿.

**274** ★★★★ 最重要　数・曜日・月など

副 名 **あす**

▶ **あす**は雨でしょう。
It will be rainy ＿＿.

**275** ★★★★ 最重要　数・曜日・月など

名 **日付**

▶ **きょう**は何日ですか。
What's the ＿＿ today?

最重要　数・曜日・月など　281

# Friday
ッラーイデイ [fráidei]

on **Friday**

 最重要　数・曜日・月など　286

# fall
フォーゥ [fɔːl]

this **fall**

---

最重要　数・曜日・月など　282

# Saturday
セァタデイ [sǽtərdei]

We have no school on **Saturday**.

 最重要　数・曜日・月など　287

# winter
ウィンタァ [wíntər]

We have a lot of snow in **winter**.

---

最重要　数・曜日・月など　283

# season
スィーズン [síːzn]

four **seasons**

最重要　数・曜日・月など　288

# January
ヂェァニュエリ [dʒǽnjueri]

on **January** 1

---

最重要　数・曜日・月など　284

# spring
スプリング [spriŋ]

in **spring**

最重要　数・曜日・月など　289

# February
フェブルエリ [fébrueri]

**February** is the shortest month of the year.

---

最重要　数・曜日・月など　285

# summer
サマァ [sʌ́mər]

We swim in **summer**.

最重要　数・曜日・月など　290

# March
マーチ [maːrtʃ]

on **March** 3

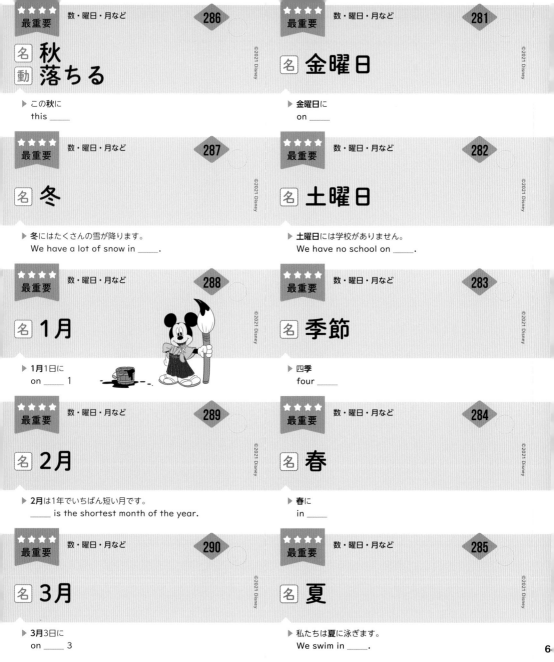

| ★★★★ 最重要 | 数・曜日・月など | 286 |
| --- | --- | --- |

名 秋
動 落ちる

▶ この秋に
　this ＿＿＿

| ★★★★ 最重要 | 数・曜日・月など | 281 |
| --- | --- | --- |

名 金曜日

▶ 金曜日に
　on ＿＿＿

| ★★★★ 最重要 | 数・曜日・月など | 287 |
| --- | --- | --- |

名 冬

▶ 冬にはたくさんの雪が降ります。
　We have a lot of snow in ＿＿＿.

| ★★★★ 最重要 | 数・曜日・月など | 282 |
| --- | --- | --- |

名 土曜日

▶ 土曜日には学校がありません。
　We have no school on ＿＿＿.

| ★★★★ 最重要 | 数・曜日・月など | 288 |
| --- | --- | --- |

名 1月

▶ 1月1日に
　on ＿＿＿ 1

| ★★★★ 最重要 | 数・曜日・月など | 283 |
| --- | --- | --- |

名 季節

▶ 四季
　four ＿＿＿

| ★★★★ 最重要 | 数・曜日・月など | 289 |
| --- | --- | --- |

名 2月

▶ 2月は1年でいちばん短い月です。
　＿＿＿ is the shortest month of the year.

| ★★★★ 最重要 | 数・曜日・月など | 284 |
| --- | --- | --- |

名 春

▶ 春に
　in ＿＿＿

| ★★★★ 最重要 | 数・曜日・月など | 290 |
| --- | --- | --- |

名 3月

▶ 3月3日に
　on ＿＿＿ 3

| ★★★★ 最重要 | 数・曜日・月など | 285 |
| --- | --- | --- |

名 夏

▶ 私たちは夏に泳ぎます。
　We swim in ＿＿＿.

# April
エイプリゥ [éiprəl]

In Japan, school starts in **April**.

# September
セプテンバァ [septémbər]

In the U.S., school starts in **September**.

# May
メイ [mei]

on **May** 5

# October
アクトウバァ [aktóubər]

next **October**

# June
ヂューン [dʒuːn]

**June** comes before July.

# November
ノウヴェンバァ [nouvémbər]

last **November**

# July
ヂュラーイ [dʒulái]

**July** comes after June.

# December
ディセンバァ [disémbər]

Christmas is in **December**.

# August
オーガスト [ɔ́ːgəst]

It's hot in **August** here.

# time
ターイム [taim]

We had a very good **time**.

**最重要** 数・曜日・月など 296

名 **9月**

▶ アメリカでは，学校は**9月**に始まります。
In the U.S., school starts in ＿＿.

**最重要** 数・曜日・月など 291

名 **4月**

▶ 日本では，学校は**4月**に始まります。
In Japan, school starts in ＿＿.

**最重要** 数・曜日・月など 297

名 **10月**

▶ 次の**10月**(に)
next ＿＿

**最重要** 数・曜日・月など 292

名 **5月**

▶ **5月**5日に
on ＿＿ 5

**最重要** 数・曜日・月など 298

名 **11月**

▶ この前の**11月**(に)
last ＿＿

**最重要** 数・曜日・月など 293

名 **6月**

▶ **6月**は7月の前に来ます。
＿＿ comes before July.

**最重要** 数・曜日・月など 299

名 **12月**

▶ クリスマスは**12月**にあります。
Christmas is in ＿＿.

**最重要** 数・曜日・月など 294

名 **7月**

▶ **7月**は6月のあとに来ます。
＿＿ comes after June.

**最重要** 数・曜日・月など 300

名 **時間**

▶ 私たちはとても楽しい**時**を過ごしました。
We had a very good ＿＿.

**最重要** 数・曜日・月など 295

名 **8月**

▶ ここでは**8月**は暑いです。
It's hot in ＿＿ here.

## 301

基本 ★★★　いろいろな名詞❶

# name
ネイム [neim]

My **name** is Mickey.

## 306

基本 ★★★　いろいろな名詞❶

# world
ワ〜ゥド [wɔ́ːrld]

all over the **world**

## 302

基本 ★★★　いろいろな名詞❶

# address
アドレス [ədrés]

an e-mail **address**

## 307

基本 ★★★　いろいろな名詞❶

# country
カントリ [kʌ́ntri]

a foreign **country**

## 303

基本 ★★★　いろいろな名詞❶

# number
ナンバァ [nʌ́mbər]

phone **number**

## 308

基本 ★★★　いろいろな名詞❶

# man　（複数形は men）
メァン [mæn]

a tall **man**

## 304

基本 ★★★　いろいろな名詞❶

# birthday
バ〜スデイ [bə́ːrθdei]

My **birthday** is November 18.

## 309

基本 ★★★　いろいろな名詞❶

# woman　（複数形は women）
ウマン [wúmən]

an old **woman**

## 305

基本 ★★★　いろいろな名詞❶

# place
プレイス [pleis]

time and **place**

## 310

基本 ★★★　いろいろな名詞❶

# people
ピーポゥ [píːpl]

a lot of **people**

基本 ★★★　いろいろな名詞❶　306
©2021 Disney
名 世界
▶ 世界中で
all over the _____

基本 ★★★　いろいろな名詞❶　307
©2021 Disney
名 国
▶ 外国
a foreign _____

基本 ★★★　いろいろな名詞❶　308
©2021 Disney
名 男の人
▶ 背の高い男の人
a tall _____

基本 ★★★　いろいろな名詞❶　309
©2021 Disney
名 女の人
▶ 年配の女の人
an old _____

基本 ★★★　いろいろな名詞❶　310
©2021 Disney
名 人々
▶ たくさんの人々
a lot of _____

基本 ★★★　いろいろな名詞❶　301
©2021 Disney
名 名前
▶ ぼくの名前はミッキーです。
My _____ is Mickey.

基本 ★★★　いろいろな名詞❶　302
©2021 Disney
名 住所
▶ メールアドレス
an e-mail _____

基本 ★★★　いろいろな名詞❶　303
©2021 Disney
名 数，番号
▶ 電話番号
phone _____

基本 ★★★　いろいろな名詞❶　304
©2021 Disney
名 誕生日
▶ ぼくの誕生日は11月18日です。
My _____ is November 18.

基本 ★★★　いろいろな名詞❶　305
©2021 Disney
名 場所
▶ 時間と場所
time and _____

## life
ラーイフ [laif]

enjoy my school **life**

## question
クウェスチョン [kwéstʃən]

a difficult **question**

## thing
スィング [θiŋ]

an important **thing**

## answer
エァンサァ [ǽnsər]

write an **answer**

## animal
エァニマゥ [ǽnəməl]

There are a lot of **animals** in this zoo.

## way
ウェイ [wei]

the **way** to the station

## bird
バ〜ド [bəːrd]

a big **bird**

## fun
ファン [fʌn]

I had a lot of **fun**.

## fish
フィシュ [fiʃ]

catch some **fish**

## money
マニ [mʌ́ni]

a lot of **money**

| | |
|---|---|
| **基本** ★★★ いろいろな名詞❶ **316** ©2021 Disney | **基本** ★★★ いろいろな名詞❶ **311** ©2021 Disney |
| 名 質問 | 名 生活，生命 |
| ▶ 難しい質問<br>a difficult _____ | ▶ 学校生活を楽しむ<br>enjoy my school _____ |
| **基本** ★★★ いろいろな名詞❶ **317** ©2021 Disney | **基本** ★★★ いろいろな名詞❶ **312** ©2021 Disney |
| 名 答え<br>動 答える | 名 もの，こと |
| ▶ 答えを書く<br>write an _____ | ▶ 大切なこと<br>an important _____ |
| **基本** ★★★ いろいろな名詞❶ **318** ©2021 Disney | **基本** ★★★ いろいろな名詞❶ **313** ©2021 Disney |
| 名 道，道順，方法 | 名 動物 |
| ▶ 駅へ行く道順<br>the _____ to the station | ▶ この動物園にはたくさんの動物がいます。<br>There are a lot of _____ in this zoo. |
| **基本** ★★★ いろいろな名詞❶ **319** ©2021 Disney | **基本** ★★★ いろいろな名詞❶ **314** ©2021 Disney |
| 名 おもしろいこと，<br>楽しみ | 名 鳥 |
| ▶ 私はとても楽しみました。<br>I had a lot of _____. | ▶ 大きい鳥<br>a big _____ |
| **基本** ★★★ いろいろな名詞❶ **320** ©2021 Disney | **基本** ★★★ いろいろな名詞❶ **315** ©2021 Disney |
| 名 お金 | 名 魚<br>動 魚つりをする |
| ▶ たくさんのお金<br>a lot of _____ | ▶ 魚を何びきかつかまえる<br>catch some _____ |

# ínternet

インタネット [íntərnet]

on the **internet**

# háir

ヘアァ [heər]

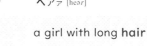

a girl with long **hair**

# é-mail

イーメイゥ [íːmeil]

send an **e-mail**

# fáce

フェイス [feis]

Wash your **face.**

# létter

レタァ [létər]

send a **letter**

# éye

アイ [ai]

Close your **eyes.**

# présent

プレズント [préznt]

a birthday **present**

# éar

イアァ [iər]

Pluto has long **ears.**

# héad

ヘッド [hed]

on the **head**

# nóse

ノウズ [nouz]

Touch your **nose.**

| | |
|---|---|
| ★★★ 基本　体・自然　　326 | ★★★ 基本　いろいろな名詞❶　　321 |
| 名　髪の毛 | 名　インターネット |
| ▶ 髪の長い女の子<br>a girl with long ＿＿＿ | ▶ ネットで<br>on the ＿＿＿ |
| ★★★ 基本　体・自然　　327 | ★★★ 基本　いろいろな名詞❶　　322 |
| 名　顔 | 名　（電子）メール　@ |
| ▶ 顔を洗いなさい。<br>Wash your ＿＿＿. | ▶ メールを送る<br>send an ＿＿＿ |
| ★★★ 基本　体・自然　　328 | ★★★ 基本　いろいろな名詞❶　　323 |
| 名　目 | 名　手紙，文字 |
| ▶ 目を閉じて。<br>Close your ＿＿＿. | ▶ 手紙を送る<br>send a ＿＿＿ |
| ★★★ 基本　体・自然　　329 | ★★★ 基本　いろいろな名詞❶　　324 |
| 名　耳 | 名　プレゼント |
| ▶ プルートは長い耳をしています。<br>Pluto has long ＿＿＿. | ▶ 誕生日プレゼント<br>a birthday ＿＿＿ |
| ★★★ 基本　体・自然　　330 | ★★★ 基本　体・自然　　325 |
| 名　鼻 | 名　頭 |
| ▶ 鼻をさわりなさい。<br>Touch your ＿＿＿. | ▶ 頭の上に<br>on the ＿＿＿ |

©2021 Disney

7

# mouth
マウス [mauθ]

Open your **mouth**.

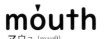

# finger
フィンガァ [fíŋɡər]

the little **finger**

# tooth　（複数形は teeth）
トゥース [tu:θ]

Did you brush your **teeth**?

# body
バーディ [bádi]

the human **body**

# shoulder
ショウゥダァ [ʃóuldər]

the right **shoulder**

# heart
ハート [haːrt]

from the bottom of my **heart**

# arm
アーム [ɑːrm]

the left **arm**

# leg
レーグ [leg]

She crossed her **legs**.

# hand
ヘァンド [hænd]

What do you have in your **hand**?

# foot　（複数形は feet）
フット [fut]

on **foot**

★★★ 基本　体・自然　**336**

名 指

▶ 小指
the little ＿＿＿

★★★ 基本　体・自然　**331**

名 口

▶ 口を開けて。
Open your ＿＿＿.

★★★ 基本　体・自然　**337**

名 体

▶ 人体
the human ＿＿＿

★★★ 基本　体・自然　**332**

名 歯

▶ 歯を磨きましたか。
Did you brush your ＿＿＿?

★★★ 基本　体・自然　**338**

名 心(感情)，心臓

▶ 心の底から
from the bottom of my ＿＿＿

★★★ 基本　体・自然　**333**

名 肩

▶ 右肩
the right ＿＿＿

★★★ 基本　体・自然　**339**

名 足(足首から上の部分)

▶ 彼女は足を組みました。
She crossed her ＿＿＿.

★★★ 基本　体・自然　**334**

名 腕(肩から手首までの部分)

▶ 左腕
the left ＿＿＿

★★★ 基本　体・自然　**340**

名 足(足首から下の部分)

▶ 徒歩で，歩いて
on ＿＿＿

★★★ 基本　体・自然　**335**

名 手(手首から先の部分)

▶ 手に何を持っていますか。
What do you have in your ＿＿＿?

©2021 Disney

7

### 基本 ★★★ 体・自然 341

# héadache
ヘデイク [hédeik]

have a **headache**

### 基本 ★★★ 体・自然 346

# trée
トリー [tri:]

by the **tree**

### 基本 ★★★ 体・自然 342

# páin
ペイン [pein]

have a **pain**

### 基本 ★★★ 体・自然 347

# flówer
フラーウアァ [fláuər]

buy **flowers**

### 基本 ★★★ 体・自然 343

# féver
フィーヴァァ [fí:vər]

have a **fever**

### 基本 ★★★ 体・自然 348

# léaf
リーフ [li:f]

the last **leaf**

### 基本 ★★★ 体・自然 344

# húman
ヒューマン [hjú:mən]

**human** rights

### 基本 ★★★ 体・自然 349

# fórest
フォーリスト [fɔ́:rist]

a rain **forest**

### 基本 ★★★ 体・自然 345

# náture
ネイチャァ [néitʃər]

protect **nature**

### 基本 ★★★ 体・自然 350

# plánt
プレァント [plænt]

grow **plants**

| | |
|---|---|
| ★★★ 基本　体・自然　346 | ★★★ 基本　体・自然　341 |
| 名 木 | 名 頭痛 |
| ▶ 木のそばに<br>by the \_\_\_\_\_ | ▶ 頭痛がする<br>have a \_\_\_\_\_ |
| ★★★ 基本　体・自然　347 | ★★★ 基本　体・自然　342 |
| 名 花 | 名 痛み，苦痛 |
| ▶ 花を買う<br>buy \_\_\_\_\_ | ▶ 痛みがある<br>have a \_\_\_\_\_ |
| ★★★ 基本　体・自然　348 | ★★★ 基本　体・自然　343 |
| 名 葉 | 名 （病気の）熱 |
| ▶ 最後の一葉<br>the last \_\_\_\_\_ | ▶ 熱がある<br>have a \_\_\_\_\_ |
| ★★★ 基本　体・自然　349 | ★★★ 基本　体・自然　344 |
| 名 森 | 名 人間<br>形 人間の |
| ▶ 熱帯雨林<br>a rain \_\_\_\_\_ | ▶ 人間の権利，人権<br>\_\_\_\_\_ rights |
| ★★★ 基本　体・自然　350 | ★★★ 基本　体・自然　345 |
| 名 植物<br>動 植える | 名 自然 |
| ▶ 植物を育てる<br>grow \_\_\_\_\_ | ▶ 自然を保護する<br>protect \_\_\_\_\_ |

7

### sky
スカーイ [skai]

go up in the **sky**

**351**

★★★ 基本　体・自然

### star
スターァ [stɑːr]

a lot of **stars**

**356**

★★★ 基本　体・自然

### air
エアァ [eər]

the **air** conditioner

**352**

★★★ 基本　体・自然

### land
レァンド [lænd]

They live on this **land**.

**357**

★★★ 基本　体・自然

### space
スペイス [speis]

in **space**

**353**

★★★ 基本　体・自然

### lake
レイク [leik]

**Lake** Biwa

**358**

★★★ 基本　体・自然

### earth
ア～ス [əːrθ]

on the **earth**

**354**

★★★ 基本　体・自然

### island
アイランド [áilənd]

Japan is an **island** country.

**359**

★★★ 基本　体・自然

### moon
ムーン [muːn]

The **moon** is out tonight.

**355**

★★★ 基本　体・自然

### rock
ラーク [rɑk]

**rock** music

**360**

★★★ 基本　体・自然

**356** 基本 体・自然

名 星，スター

▶ たくさんの星
a lot of ____

---

**351** 基本 体・自然

名 空

▶ 空を上がっていく
go up in the ____

---

**357** 基本 体・自然

名 陸地，土地

▶ 彼らはこの土地に住んでいます。
They live on this ____.

---

**352** 基本 体・自然

名 空気

▶ エアコン
the ____ conditioner

---

**358** 基本 体・自然

名 湖

▶ 琵琶湖
____ Biwa

---

**353** 基本 体・自然

名 宇宙，空間

▶ 宇宙で
in ____

---

**359** 基本 体・自然

名 島

▶ 日本は島国です。
Japan is an ____ country.

---

**354** 基本 体・自然

名 地球

▶ 地球上に
on the ____

---

**360** 基本 体・自然

名 岩，（音楽の）ロック

▶ ロック音楽
____ music

---

**355** 基本 体・自然

名 （天体の）月

▶ 今夜は月が出ています。
The ____ is out tonight.

78

### 361

 **体・自然** ★★★ 基本

# stóne
スト**ウ**ン [stoun]

The bridge is made of **stone**.

### 366

★★★ 基本 交通・町の中

# bíke（＝bicycle）
バイク [baik]

go by **bike**

### 362

★★★ 基本 交通・町の中

# státion
ステイション [stéiʃən]

at the **station**

### 367

★★★ 基本 交通・町の中

# cár
カーァ [kɑːr]

by **car**

### 363

★★★ 基本 交通・町の中

# tráin
トレイン [trein]

get on the **train**

### 368

★★★ 基本 交通・町の中

# pláne
プレイン [plein]

go there by **plane**

### 364

★★★ 基本 交通・町の中

# bús
バス [bʌs]

take a **bus**

### 369

★★★ 基本 交通・町の中

# áirport
エアポート [éərpɔːrt]

meet her at the **airport**

### 365

★★★ 基本 交通・町の中

# bús stop
バススタープ [bʌ́s stap]

wait at the **bus stop**

### 370

★★★ 基本 交通・町の中

# cíty
スィティ [síti]

a big **city**

| | |
|---|---|
| 基本 ★★★ 交通・町の中 366 <br> 名 **自転車** <br> ▶ **自転車**で行く <br> go by _____ <br> ©2021 Disney | 基本 ★★★ 体・自然 361 <br> 名 **石** <br> ▶ その橋は**石**でできています。 <br> The bridge is made of _____. <br> ©2021 Disney |
| 基本 ★★★ 交通・町の中 367 <br> 名 **車** <br> ▶ **車**で <br> by _____ <br> ©2021 Disney | 基本 ★★★ 交通・町の中 362 <br> 名 **駅** <br> ▶ **駅**で <br> at the _____ <br> ©2021 Disney |
| 基本 ★★★ 交通・町の中 368 <br> 名 **飛行機** <br> ▶ **飛行機**でそこへ行く <br> go there by _____ <br> ©2021 Disney | 基本 ★★★ 交通・町の中 363 <br> 名 **電車** <br> ▶ **電車**に乗る <br> get on the _____ <br> ©2021 Disney |
| 基本 ★★★ 交通・町の中 369 <br> 名 **空港** <br> ▶ 彼女を**空港**で出迎える <br> meet her at the _____ <br> ©2021 Disney | 基本 ★★★ 交通・町の中 364 <br> 名 **バス** <br> ▶ **バス**に乗っていく <br> take a _____ <br> ©2021 Disney |
| 基本 ★★★ 交通・町の中 370 <br> 名 **都市，市** <br> ▶ 大**都市** <br> a big _____ <br> ©2021 Disney | 基本 ★★★ 交通・町の中 365 <br> 名 **バス停** <br> ▶ **バス停**で待つ <br> wait at the _____ <br> ©2021 Disney |

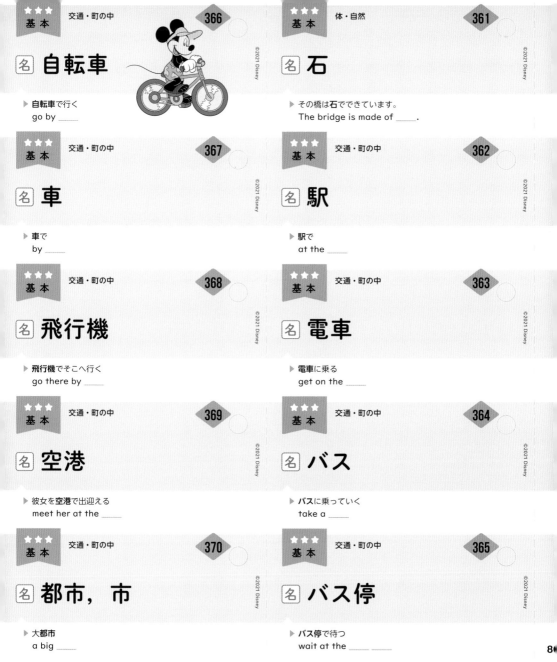

### ★★★ 基本　交通・町の中　371

# town
タウン [taun]

a small **town**

---

### ★★★ 基本　交通・町の中　376

# restaurant
レストラント [réstərənt]

a Japanese **restaurant**

---

### ★★★ 基本　交通・町の中　372

# park
パーク [pɑːrk]

walk in the **park**

---

### ★★★ 基本　交通・町の中　377

# hospital
ハースピトォ [háspitl]

visit her in the **hospital**

---

### ★★★ 基本　交通・町の中　373

# library
ラーイブレリ [láibreri]

study at the **library**

---

### ★★★ 基本　交通・町の中　378

# hotel
ホウテゥ [houtél]

stay at a **hotel**

---

### ★★★ 基本　交通・町の中　374

# bank
ベアンク [bæŋk]

go to the **bank**

---

### ★★★ 基本　交通・町の中　379

# store
ストーァ [stɔːr]

buy shoes at a **store**

---

### ★★★ 基本　交通・町の中　375

# post office
ポウスト オーフィス [póust ɔːfis]

Where is the **post office**?

---

### ★★★ 基本　交通・町の中　380

# supermarket
スーパマーキッ [súːpərmɑːrkit]

next to the **supermarket**

**376** 名 レストラン

基本 交通・町の中

▶ 日本料理店
a Japanese _____

**371** 名 町

基本 交通・町の中

▶ 小さな町
a small _____

**377** 名 病院

基本 交通・町の中

▶ 病院にいる彼女を訪ねる／入院中の彼女を見舞いに行く
visit her in the _____

**372** 名 公園

基本 交通・町の中

▶ 公園を散歩する
walk in the _____

**378** 名 ホテル

基本 交通・町の中

▶ ホテルに泊まる
stay at a _____

**373** 名 図書館

基本 交通・町の中

▶ 図書館で勉強する
study at the _____

**379** 名 店

基本 交通・町の中

▶ 店でくつを買う
buy shoes at a _____

**374** 名 銀行

基本 交通・町の中

▶ 銀行に行く
go to the _____

**380** 名 スーパーマーケット

基本 交通・町の中

▶ スーパーマーケットの隣に
next to the _____

**375** 名 郵便局

基本 交通・町の中

▶ 郵便局はどこにありますか。
Where is the _____ _____?

# bookstore
ブックストーア [búkstɔːr]

see him at the **bookstore**

# city hall
スィティホーゥ [síti hɔ́ːl]

work at the **city hall**

# stadium
ステイディアム [stéidiəm]

the way to the **stadium**

# elementary school
エレメンタリスクーゥ [eləméntəri skuːl]

an **elementary school** student

# museum
ミューズィーアム [mjuːzíːəm]

an art **museum**

# high school
ハーイスクーゥ [hái skuːl]

a **high school** student

# theater
スィアタァ [θíətər]

a movie **theater**

# temple
テンポゥ [témpl]

an old **temple**

# zoo
ズー [zuː]

go to the **zoo**

# market
マーキッ [máːrkit]

a fish **market**

★★★ 基本 交通・町の中 **386**

名 市役所

▶ **市役所**で働く
work at the _____ _____

★★★ 基本 交通・町の中 **387**

名 小学校

▶ **小学**生
an _____ _____ student

★★★ 基本 交通・町の中 **388**

名 高校

▶ **高校**生
a _____ _____ student

★★★ 基本 交通・町の中 **389**

名 寺

▶ 古い**お寺**
an old _____

★★★ 基本 交通・町の中 **390**

名 市場

▶ 魚**市場**
a fish _____

★★★ 基本 交通・町の中 **381**

名 書店

▶ **書店**で彼に会う
see him at the _____

★★★ 基本 交通・町の中 **382**

名 スタジアム，競技場

▶ **スタジアム**へ行く道
the way to the _____

★★★ 基本 交通・町の中 **383**

名 博物館，美術館

▶ **美術館**
an art _____

★★★ 基本 交通・町の中 **384**

名 劇場

▶ 映画館
a movie _____

★★★ 基本 交通・町の中 **385**

名 動物園

▶ **動物園**に行く
go to the _____

# office

オフィス [ɔ́:fis]

work in an **office**

# bench

ベンチ [bentʃ]

Let's sit on that **bench**.

# factory

フェアクトリ [fǽktəri]

work at a **factory**

# river

リヴァァ [rívər]

walk along the **river**

# street

ストリート [stri:t]

go down this **street**

# bridge

ブリッヂ [bridʒ]

cross a **bridge**

# road

ロウド [roud]

on the **road**

# sea

スィー [si:]

sail on the **sea**

# mountain

マウントン [máuntn]

the top of that **mountain**

# beach

ビーチ [bi:tʃ]

on the **beach**

| 基本 ★★★ 交通・町の中 | 396 | 基本 ★★★ 交通・町の中 | 391 |

名 ベンチ

▶ あのベンチにすわりましょう。
Let's sit on that _____.

名 事務所，会社

▶ 会社で働く
work in an _____

名 川

▶ 川沿いに歩く
walk along the _____

名 工場

▶ 工場で働く
work at a _____

名 橋

▶ 橋をわたる
cross a _____

名 通り

▶ この通りを行く
go down this _____

名 海

▶ 海を船で行く
sail on the _____

名 道路

▶ 路上で
on the _____

名 浜辺

▶ 浜辺で
on the _____

名 山

▶ あの山の頂上
the top of that _____

©2021 Disney

396 397 398 399 400
391 392 393 394 395

交通・町の中

86

# field
フィーゥド [fíːld]

a **field** trip

# farm
ファーム [fɑːrm]

work on a **farm**

# garden
ガードン [gɑ́ːrdn]

a vegetable **garden**

# building
ビゥディング [bíldiŋ]

a tall **building**

# firework
ファイアワ〜ク [fáiərwɔːrk]

We enjoyed the beautiful **fireworks**.

# weather
ウェザァ [wéðər]

How's the **weather** in Tokyo?

# sun
サン [sʌn]

The **sun** rises in the east.

# sunny
サニ [sʌ́ni]

It's **sunny** today.

# rain
レイン [rein]

It's **raining**.

# rainy
レイニ [réini]

a **rainy** day

| | |
|---|---|
| ★★★<br>基本　天気・色・国名　**406**<br>©2021 Disney<br><br>名 **天気**<br><br>▶ 東京の**天気**はどうですか。<br>　 How's the ＿＿＿ in Tokyo? | ★★★<br>基本　交通・町の中　**401**<br>©2021 Disney<br><br>名 **畑，野原**<br><br>▶ 校外学習，見学旅行<br>　 a ＿＿＿ trip |
| ★★★<br>基本　天気・色・国名　**407**<br>©2021 Disney<br><br>名 **太陽**<br><br>▶ **太陽**は東からのぼります。<br>　 The ＿＿＿ rises in the east. | ★★★<br>基本　交通・町の中　**402**<br>©2021 Disney<br><br>名 **農場**<br><br>▶ **農場**で働く<br>　 work on a ＿＿＿ |
| ★★★<br>基本　天気・色・国名　**408**<br>©2021 Disney<br><br>形 **明るく日のさす**<br><br>▶ きょうは**晴れ**ています。<br>　 It's ＿＿＿ today. | ★★★<br>基本　交通・町の中　**403**<br>©2021 Disney<br><br>名 **庭園**<br><br>▶ 菜園，野菜畑<br>　 a vegetable ＿＿＿ |
| ★★★<br>基本　天気・色・国名　**409**<br>©2021 Disney<br><br>名 **雨**<br>動 **雨が降る**<br><br>▶ **雨**が降っています。<br>　 It's ＿＿＿. | ★★★<br>基本　交通・町の中　**404**<br>©2021 Disney<br><br>名 **建物**<br><br>▶ 高い**建物**<br>　 a tall ＿＿＿ |
| ★★★<br>基本　天気・色・国名　**410**<br>©2021 Disney<br><br>形 **雨降りの**<br><br>▶ **雨**の日<br>　 a ＿＿＿ day | ★★★<br>基本　交通・町の中　**405**<br>©2021 Disney<br><br>名 **（複数形で）花火**<br><br>▶ 私たちは美しい**花火**を楽しみました。<br>　 We enjoyed the beautiful ＿＿＿. |

**基本** ★★★ 天気・色・国名 **411**

# cloudy

クラウディ [kláudi]

It's **cloudy** today.

---

**基本** ★★★ 天気・色・国名 **416**

# hot
ハート [hat]

It's really **hot** today.

---

 **基本** ★★★ 天気・色・国名 **412**

# snow
スノウ [snou]

It's **snowing**.

---

**基本** ★★★ 天気・色・国名 **417**

# cold
コウゥド [kould]

I have a **cold**.

---

 **基本** ★★★ 天気・色・国名 **413**

# snowy
スノウィ [snóui]

a **snowy** day

---

**基本** ★★★ 天気・色・国名 **418**

# warm
ウォーム [wɔːrm]

It's **warm** in this room.

---

 **基本** ★★★ 天気・色・国名 **414**

# wind
ウィンド [wind]

The **wind** is blowing hard.

---

**基本** ★★★ 天気・色・国名 **419**

# cool
クーゥ [kuːl]

He is really **cool**.

---

**基本** ★★★ 天気・色・国名 **415**

# temperature
テンプラチャァ [témprətʃər]

What's the **temperature** in this room?

---

**基本** ★★★ 天気・色・国名 **420**

# north
ノース [nɔːrθ]

Hokkaido is in the **north** of Japan.

| | |
|---|---|
| **基本** ★★★ 天気・色・国名 **416** ©2021 Disney | **基本** ★★★ 天気・色・国名 **411** ©2021 Disney |
| 形 暑い，熱い | 形 くもった |
| ▶ きょうは本当に**暑い**です。<br>It's really ＿＿＿ today. | ▶ きょうは**くもって**います。<br>It's ＿＿＿ today. |

| | |
|---|---|
| **基本** ★★★ 天気・色・国名 **417** ©2021 Disney | **基本** ★★★ 天気・色・国名 **412** ©2021 Disney |
| 形 寒い，冷たい<br>名 かぜ | 名 雪<br>動 雪が降る |
| ▶ 私は**かぜ**をひいています。<br>I have a ＿＿＿. | ▶ 雪が降っています。<br>It's ＿＿＿. |

| | |
|---|---|
| **基本** ★★★ 天気・色・国名 **418** ©2021 Disney | **基本** ★★★ 天気・色・国名 **413** ©2021 Disney |
| 形 暖かい，温かい | 形 雪の降る |
| ▶ この部屋は**暖かい**です。<br>It's ＿＿＿ in this room. | ▶ 雪の日<br>a ＿＿＿ day |

| | |
|---|---|
| **基本** ★★★ 天気・色・国名 **419** ©2021 Disney | **基本** ★★★ 天気・色・国名 **414** ©2021 Disney |
| 形 すずしい，<br>かっこいい | 名 風 |
| ▶ 彼は本当に**かっこいい**。<br>He is really ＿＿＿. | ▶ 風が強く吹いています。<br>The ＿＿＿ is blowing hard. |

| | |
|---|---|
| **基本** ★★★ 天気・色・国名 **420** ©2021 Disney | **基本** ★★★ 天気・色・国名 **415** ©2021 Disney |
| 名 北 | 名 温度 |
| ▶ 北海道は日本の**北部**にあります。<br>Hokkaido is in the ＿＿＿ of Japan. | ▶ この部屋の**温度**は何度ですか。<br>What's the ＿＿＿ in this room? |

 天気・色・国名  **421**

# sóuth
サウス [sauθ]

the South Pole

---

★★★ 基本 天気・色・国名 **426**

# whíte
ワーイト [*h*wait]

a white cat

---

★★★ 基本 天気・色・国名  **422**

# éast
イースト [i:st]

in the east of Tokyo

---

★★★ 基本 天気・色・国名 **427**

# réd
レッド [red]

a red dress

---

★★★ 基本 天気・色・国名 **423**

# wést
ウエスト [west]

The sun sets in the west.

---

★★★ 基本 天気・色・国名 **428**

# blúe
ブルー [blu:]

the blue sky

---

★★★ 基本 天気・色・国名 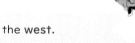 **424**

# cólor
カラァ [kʌ́lər]

What color do you like?

---

★★★ 基本 天気・色・国名 **429**

# gréen
グリーン [gri:n]

green grass

---

★★★ 基本 天気・色・国名  **425**

# bláck
ブレァク [blæk]

black hair

---

★★★ 基本 天気・色・国名 **430**

# yéllow
イェロウ [jélou]

yellow shoes

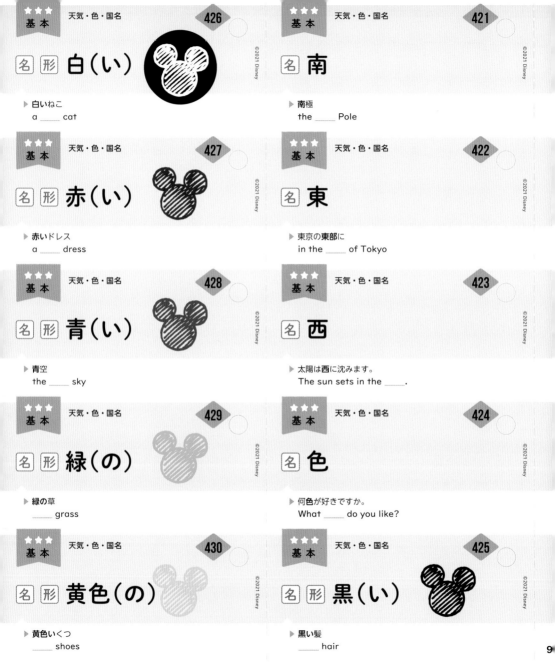

名 形　白（い）

▶ 白いねこ
a ＿＿＿ cat

名　南

▶ 南極
the ＿＿＿ Pole

名 形　赤（い）

▶ 赤いドレス
a ＿＿＿ dress

名　東

▶ 東京の東部に
in the ＿＿＿ of Tokyo

名 形　青（い）

▶ 青空
the ＿＿＿ sky

名　西

▶ 太陽は西に沈みます。
The sun sets in the ＿＿＿.

名 形　緑（の）

▶ 緑の草
＿＿＿ grass

名　色

▶ 何色が好きですか。
What ＿＿＿ do you like?

名 形　黄色（の）

▶ 黄色いくつ
＿＿＿ shoes

名 形　黒（い）

▶ 黒い髪
＿＿＿ hair

431

# brown
ブラウン [braun]

brown eyes

436

# Canada
キャナダ [kǽnədə]

travel in **Canada**

432

# gray
グレイ [grei]

gray hair

437

# Chinese
チャイニーズ [tʃaini:z]

a **Chinese** restaurant

433

# Japan
ヂャペァン [dʒəpǽn]

I'm from **Japan**.

438

# French
フレンチ [frentʃ]

**French** bread

434

# America
アメリカ [əmérikə]

the United States of **America**

439

# Spanish
スペァニシュ [spǽniʃ]

speak **Spanish**

435

# Australia
オーストレイリャ [ɔːstréiljə]

She's from **Australia**.

440

# Europe
ユァラプ [júərəp]

How was your trip to **Europe**?

| | |
|---|---|
| ★★★ 基本　天気・色・国名　436 | ★★★ 基本　天気・色・国名　431 |
| 名 **カナダ** | 名 形 **茶色（の）** |
| ▶ カナダを旅行する<br>travel in _____ | ▶ 茶色の目<br>_____ eyes |
| ★★★ 基本　天気・色・国名　437 | ★★★ 基本　天気・色・国名　432 |
| 形 **中国の**<br>名 **中国人［語］** | 名 形 **灰色（の）** |
| ▶ 中国料理店<br>a _____ restaurant | ▶ しらが<br>_____ hair |
| ★★★ 基本　天気・色・国名　438 | ★★★ 基本　天気・色・国名　433 |
| 形 **フランスの**<br>名 **フランス人［語］** | 名 **日本** |
| ▶ フランスパン<br>_____ bread | ▶ 私は日本出身です。<br>I'm from _____. |
| ★★★ 基本　天気・色・国名　439 | ★★★ 基本　天気・色・国名　434 |
| 形 **スペインの**<br>名 **スペイン人［語］** | 名 **アメリカ** |
| ▶ スペイン語を話す<br>speak _____ | ▶ アメリカ合衆国<br>the United States of _____ |
| ★★★ 基本　天気・色・国名　440 | ★★★ 基本　天気・色・国名　435 |
| 名 **ヨーロッパ** | 名 **オーストラリア** |
| ▶ ヨーロッパへの旅行はどうでしたか。<br>How was your trip to _____? | ▶ 彼女はオーストラリア出身です。<br>She's from _____. |

©2021 Disney

94

## without
ウィザウト [wiðáut]

We can't live **without** water.

## about
アバウト [əbáut]

talk **about** him

## around
アラウンド [əráund]

travel **around** the world

## before
ビフォーァ [bifɔ́ːr]

**before** dinner

## after
エァフタァ [ǽftər]

**after** dinner

## near
ニァ [níər]

sit **near** her

## under
アンダァ [ʌ́ndər]

The cat is **under** the table.

## over
オウヴァァ [óuvər]

put sand **over** Goofy

## as
アズ [æz]

Mickey is **as** tall **as** Minnie.

## up
アプ [ʌp]

go **up**

| ★★★ 基本 | 前置詞のまとめ | 446 |
|---|---|---|

前 ～の近くに

▶ 彼女の近くにすわる
sit _____ her

---

| ★★★ 基本 | 前置詞のまとめ | 441 |
|---|---|---|

前 ～なしで

▶ 私たちは水なしでは生きられません。
We can't live _____ water.

---

| ★★★ 基本 | 前置詞のまとめ | 447 |
|---|---|---|

前 ～の下に，
～より下の

▶ ねこがテーブルの下にいます。
The cat is _____ the table.

---

| ★★★ 基本 | 前置詞のまとめ | 442 |
|---|---|---|

前 ～について
副 およそ

▶ 彼について話す
talk _____ him

---

| ★★★ 基本 | 前置詞のまとめ | 448 |
|---|---|---|

前 ～の上に
(all _____ ～で)～じゅうに

▶ グーフィーの上に砂をおく
put sand _____ Goofy

---

| ★★★ 基本 | 前置詞のまとめ | 443 |
|---|---|---|

前 ～のまわりに
副 あちこち，ぐるりと

▶ 世界中を旅する
travel _____ the world

---

| ★★★ 基本 | 前置詞のまとめ | 449 |
|---|---|---|

前 ～として
接 (_～_Aで)Aと同じくらい～

▶ ミッキーはミニーと同じくらいの背の高さです。
Mickey is _____ tall _____ Minnie.

---

| ★★★ 基本 | 前置詞のまとめ | 444 |
|---|---|---|

前 接 ～の前に
副 以前に

▶ 夕食前に
_____ dinner

---

| ★★★ 基本 | 副詞・接続詞 | 450 |
|---|---|---|

副 上へ

▶ 上がっていく
go _____

---

| ★★★ 基本 | 前置詞のまとめ | 445 |
|---|---|---|

前 接 ～のあとに

▶ 夕食後に
_____ dinner

### 451

★★★ 基本　副詞・接続詞

# dówn
ダウン [daun]

jump **down**

### 456

★★★ 基本　副詞・接続詞

# agó
アゴウ [əgóu]

an hour **ago**

### 452

★★★ 基本　副詞・接続詞

# óut
アウト [aut]

go **out**

### 457

★★★ 基本　副詞・接続詞

# sóon
スーン [su:n]

Get well **soon**.

### 453

★★★ 基本　副詞・接続詞

# óff
オーフ [ɔ:f]

get **off** the bus

### 458

★★★ 基本　副詞・接続詞

# láter
レイタァ [léitər]

See you **later**.

### 454

★★★ 基本　副詞・接続詞

# stráight
ストレイト [streit]

go **straight**

### 459

★★★ 基本　副詞・接続詞

# tóo
トゥー [tu:]

That's **too** small.

### 455

★★★ 基本　副詞・接続詞

# wéll
ウェゥ [wel]

skate **well**

### 460

★★★ 基本　副詞・接続詞

# só
ソウ [sou]

I think **so**, too.

97

| | | |
|---|---|---|
| ★★★ 基本 副詞・接続詞 **456** ©2021 Disney | ★★★ 基本 副詞・接続詞 **451** ©2021 Disney |

副 （今から）〜前に

▶ 1時間前に
an hour ＿＿＿

副 下へ

▶ 飛びおりる
jump ＿＿＿

---

★★★ 基本 副詞・接続詞 **457** ©2021 Disney

副 すぐに

▶ 早くよくなってね。
Get well ＿＿＿.

★★★ 基本 副詞・接続詞 **452** ©2021 Disney

副 外へ

▶ 外出する
go ＿＿＿

---

★★★ 基本 副詞・接続詞 **458** ©2021 Disney

副 あとで

▶ あとで会いましょう。
See you ＿＿＿.

★★★ 基本 副詞・接続詞 **453** ©2021 Disney

副 はなれて，切れて

▶ バスを降りる
get ＿＿＿ the bus

---

★★★ 基本 副詞・接続詞 **459** ©2021 Disney

副 〜も，〜すぎる

▶ それは小さすぎます。
That's ＿＿＿ small.

★★★ 基本 副詞・接続詞 **454** ©2021 Disney

副 まっすぐに

▶ まっすぐに行く
go ＿＿＿

---

★★★ 基本 副詞・接続詞 **460** ©2021 Disney

副接 そんなに，そう
だから

▶ 私もそう思います。
I think ＿＿＿, too.

★★★ 基本 副詞・接続詞 **455** ©2021 Disney

副 よく，上手に

▶ 上手にスケートをする
skate ＿＿＿

### 461
★★★ 基本 副詞・接続詞

# also
オーゥソウ [ɔ́:lsou]

I like tennis. I **also** like table tennis.

### 466
★★★ 基本 副詞・接続詞

# and
エァンド [ænd]

I got up **and** washed my face.

### 462
★★★ 基本 副詞・接続詞

# only
オウンリ [óunli]

I have **only** ten dollars.

### 467
★★★ 基本 副詞・接続詞

# but
バト [bʌt]

I like cats, **but** my mother doesn't.

### 463
★★★ 基本 副詞・接続詞

# just
ヂャスト [dʒʌst]

I have **just** finished my homework.

### 468
★★★ 基本 副詞・接続詞

# or
オーァ [ɔ́:r]

Which do you like better, math **or** English?

### 464
★★★ 基本 副詞・接続詞

# alone
アロウン [əlóun]

wait **alone**

### 469
★★★ 基本 いろいろな名詞❷

# idea
アイディーア [aidíːə]

That's a good **idea**.

### 465
★★★ 基本 副詞・接続詞

# almost
オーゥモウスト [ɔ́:lmoust]

**almost** every day

### 470
★★★ 基本 いろいろな名詞❷

# story
ストーリ [stɔ́:ri]

a funny **story**

**466** 基本 副詞・接続詞
接 そして
▶ 私は起きて顔を洗いました。
I got up _____ washed my face.

**461** 基本 副詞・接続詞
副 〜もまた
▶ 私はテニスが好きです。卓球も好きです。
I like tennis. I _____ like table tennis.

**467** 基本 副詞・接続詞
接 しかし
▶ 私はねこが好きですが，母はねこが好きではありません。
I like cats, _____ my mother doesn't.

**462** 基本 副詞・接続詞
副 ただ〜だけ
▶ 私は10ドルしか持っていません。
I have _____ ten dollars.

**468** 基本 副詞・接続詞
接 または
▶ 数学と英語ではどちらのほうが好きですか。
Which do you like better, math _____ English?

**463** 基本 副詞・接続詞
副 ちょうど
▶ 私はちょうど宿題を終えたところです。
I have _____ finished my homework.

**469** 基本 いろいろな名詞❷
名 考え
▶ それはいい考えです。
That's a good _____.

**464** 基本 副詞・接続詞
副 ひとりで（ほかにだれもいなくて）
▶ ひとりで待つ
wait _____

**470** 基本 いろいろな名詞❷
名 物語
▶ おもしろおかしい話
a funny _____

**465** 基本 副詞・接続詞
副 もう少しで，ほとんど
▶ ほとんど毎日
_____ every day

# culture
カゥチャァ [kʌ́ltʃər]

Japanese **culture**

# skate
スケイト [skeit]

go **skating**

# language
レァングウィヂ [lǽŋgwidʒ]

speak three **languages**

# weekend
ウィーケンド [wíːkend]

Do you have any plans for this **weekend**?

# sign
サーイン [sain]

Look at that **sign**.

# party
パーティ [páːrti]

have a good time at the **party**

# shopping
シャーピング [ʃápiŋ]

go **shopping**

# concert
カーンサ〜ト [kánsəːrt]

sing in the **concert**

# ski
スキー [skiː]

go **skiing**

# festival
フェスティヴォゥ [féstəvəl]

a school **festival**

**★★★ 基本** いろいろな名詞❷ **476**

名 スケートぐつ
動 スケートをする

▶ スケートに行く
go ＿＿＿

**★★★ 基本** いろいろな名詞❷ **471**

名 文化

▶ 日本文化
Japanese ＿＿＿

**★★★ 基本** いろいろな名詞❷ **477**

名 週末

▶ 今週末は何か計画はありますか。
Do you have any plans for this ＿＿＿?

**★★★ 基本** いろいろな名詞❷ **472**

名 言語

▶ 3か国語を話す
speak three ＿＿＿

**★★★ 基本** いろいろな名詞❷ **478**

名 パーティー

▶ パーティーで楽しい時を過ごす
have a good time at the ＿＿＿

**★★★ 基本** いろいろな名詞❷ **473**

名 記号，標識

▶ あの標識を見て。
Look at that ＿＿＿.

**★★★ 基本** いろいろな名詞❷ **479**

名 コンサート

▶ コンサートで歌う
sing in the ＿＿＿

**★★★ 基本** いろいろな名詞❷ **474**

名 買い物

▶ 買い物に行く
go ＿＿＿

**★★★ 基本** いろいろな名詞❷ **480**

名 祭り

▶ 文化祭
a school ＿＿＿

**★★★ 基本** いろいろな名詞❷ **475**

名 スキー板
動 スキーをする

▶ スキーをしに行く
go ＿＿＿

★★★ 基本 いろいろな名詞❷ 481

# corner
コーナァ [kɔ́ːrnər]

Turn right at the next **corner.**

★★★ 基本 いろいろな名詞❷ 482

# line
ラーイン [lain]

draw a **line**

★★★ 基本 いろいろな名詞❷ 483

# of course
オ フ コース [əf kɔ́ːrs]

Do you know that boy? — **Of course.**

★★★ 基本 いろいろな名詞❷ 484

# floor
フローァ [flɔːr]

sit on the **floor**

★★★ 基本 いろいろな名詞❷ 485

# wall
ウォーゥ [wɔːl]

a clock on the **wall**

★★★ 基本 いろいろな名詞❷ 486

# glass

グレアス [glæs]

They are wearing **glasses.**

★★★ 基本 いろいろな名詞❷ 487

# cup
カ ッ プ [kʌp]

a **cup** of tea

★★★ 基本 いろいろな名詞❷ 488

# dish
ディ ツ シュ [diʃ]

wash the **dishes**

★★★ 基本 いろいろな名詞❷ 489

# cafeteria

キャフェティァリア [kæfətíəriə]

eat lunch at the **cafeteria**

★★★ 基本 いろいろな名詞❷ 490

# shrine
シュラーイン [ʃrain]

visit the **shrine**

★★★ 基本　いろいろな名詞❷　486

名　ガラス，コップ，
（複数形で）めがね

▶ 彼らは**めがね**をかけています。
They are wearing _____.

★★★ 基本　いろいろな名詞❷　487

名　カップ

▶ 1杯の紅茶
a _____ of tea

★★★ 基本　いろいろな名詞❷　488

名　皿，料理

▶ **皿**を洗う
wash the _____

★★★ 基本　いろいろな名詞❷　489

名　カフェテリア，
（学校の）食堂

▶ **カフェテリア**で昼食を食べる
eat lunch at the _____

★★★ 基本　いろいろな名詞❷　490

名　神社

▶ **神社**を訪れる
visit the _____

★★★ 基本　いろいろな名詞❷　481

名　角（かど）

▶ 次の**角**で右に曲がってください。
Turn right at the next _____.

★★★ 基本　いろいろな名詞❷　482

名　線，電車の路線

▶ **線**を引く
draw a _____

★★★ 基本　いろいろな名詞❷　483

もちろん

▶ あの少年を知っていますか。— **もちろん**。
Do you know that boy? — _____ _____.

★★★ 基本　いろいろな名詞❷　484

名　床，階

▶ **床**にすわる
sit on the _____

★★★ 基本　いろいろな名詞❷　485

名　壁

▶ **壁**にかかっている時計
a clock on the _____

いろいろな名詞❷ **491**

## boat
ボウト [bout]

by boat

 いろいろな名詞❷ **496**

## son
サン [sʌn]

He is my only **son**.

---

基本 いろいろな名詞❷ **492**

## planet
プレァニッ [plǽnit]

our planet

基本 いろいろな名詞❷ **497**

## daughter
ドータァ [dɔ́:tər]

He has two **daughters**.

---

基本 いろいろな名詞❷ **493**

## toy
トーイ [tɔi]

a new toy

基本 いろいろな名詞❷ **498**

## baby
ベイビ [béibi]

She had a **baby** last month.

---

基本 いろいろな名詞❷ **494**

## comic
カーミク [kámik]

a comic book

基本 いろいろな名詞❷ **499**

## job
ヂャーブ [dʒab]

Good job.

---

基本 いろいろな名詞❷ **495**

## key
キー [ki:]

a house key

基本 いろいろな名詞❷ **500**

## doctor
ダークタァ [dáktər]

see a doctor

05

名 **息子**

▶ 彼は私の一人**息子**です。
He is my only _____.

名 **ボート，船**

▶ 船で
by _____

名 **娘**

▶ 彼には**娘**さんが2人います。
He has two _____.

名 **惑星**

▶ 私たちの**惑星**（＝地球）
our _____

名 **赤ちゃん**

▶ 彼女は先月，**赤ちゃん**を生みました。
She had a _____ last month.

名 **おもちゃ**

▶ 新しい**おもちゃ**
a new _____

名 **仕事**

▶ よくできました。
Good _____.

名 **まんが**

▶ **まんが**本
a _____ book

名 **医師**

▶ **医師**に会う / 診察を受ける
see a _____

名 **かぎ**

▶ 家の**かぎ**
a house _____

### 501
★★★ 基本　いろいろな名詞❷

# nurse
ナ〜ス [nɔːrs]

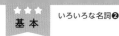

My mother is a **nurse**.

### 506
★★★ 基本　いろいろな名詞❷

# chance
チャァンス [tʃæns]

have a **chance** to visit Canada

### 502
★★★ 基本　いろいろな名詞❷

# police
ポリース [pəlíːs]

a **police** officer

### 507
★★★ 基本　いろいろな名詞❷

# future
フューチァァ [fjúːtʃər]

in the **future**

### 503
★★★ 基本　いろいろな名詞❷

# volunteer
ヴァランティァァ [vɑləntíər]

work as a **volunteer**

### 508
★★★ 基本　いろいろな名詞❷

# dream
ドリーム [driːm]

have a **dream**

### 504
★★★ 基本　いろいろな名詞❷

# word
ワ〜ド [wɔːrd]

What does this **word** mean?

### 509
★★★ 基本　いろいろな名詞❷

# hobby
ハービ [hábi]

My **hobby** is painting pictures.

### 505
★★★ 基本　いろいろな名詞❷

# problem
プラーブレム [prábləm]

No **problem**.

### 510
★★★ 基本　いろいろな名詞❷

# club
クラブ [klʌb]

I'm in the art **club** at school.

| 基本 ★★★ いろいろな名詞❷ | 506 |
|---|---|

名 **機会**

▶ カナダを訪れる**機会**がある
have a _____ to visit Canada

| 基本 ★★★ いろいろな名詞❷ | 501 |
|---|---|

名 **看護師**

▶ 私の母は**看護師**です。
My mother is a _____.

| 基本 ★★★ いろいろな名詞❷ | 507 |
|---|---|

名 **将来，未来**

▶ **将来，未来**に
in the _____

| 基本 ★★★ いろいろな名詞❷ | 502 |
|---|---|

名 **警察**

▶ **警察**官
a _____ officer

| 基本 ★★★ いろいろな名詞❷ | 508 |
|---|---|

名 **夢**

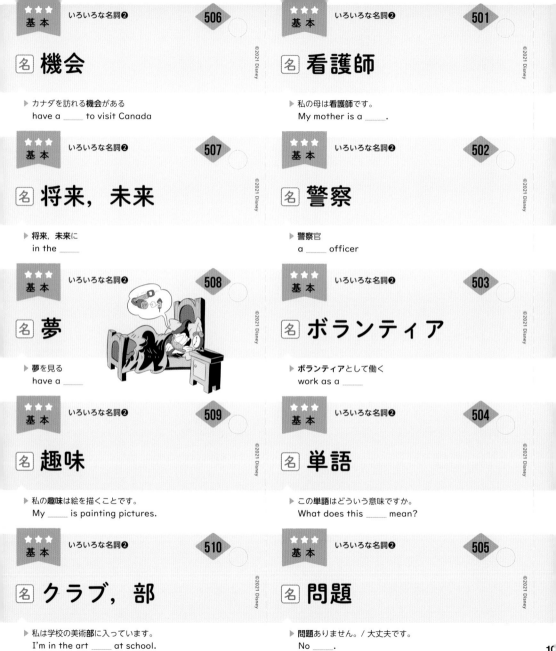

▶ **夢**を見る
have a _____

| 基本 ★★★ いろいろな名詞❷ | 503 |
|---|---|

名 **ボランティア**

▶ **ボランティア**として働く
work as a _____

| 基本 ★★★ いろいろな名詞❷ | 509 |
|---|---|

名 **趣味**

▶ 私の**趣味**は絵を描くことです。
My _____ is painting pictures.

| 基本 ★★★ いろいろな名詞❷ | 504 |
|---|---|

名 **単語**

▶ この**単語**はどういう意味ですか。
What does this _____ mean?

| 基本 ★★★ いろいろな名詞❷ | 510 |
|---|---|

名 **クラブ，部**

▶ 私は学校の美術**部**に入っています。
I'm in the art _____ at school.

| 基本 ★★★ いろいろな名詞❷ | 505 |
|---|---|

名 **問題**

▶ **問題**ありません。/ 大丈夫です。
No _____.

## activity
エァクティヴィティ [ǽktivəti]

volunteer **activities**

## art
アート [ɑːrt]

an **art** museum

## chorus
コーラス [kɔ́ːrəs]

sing in a **chorus**

## song
ソーング [sɔːŋ]

sing a **song**

## drama
ドラーマ [drɑ́ːmə]

a **drama** club

## test
テスト [test]

have a math **test**

## exam
イグゼァム [igzǽm]

an entrance **exam**

## lesson
レスン [lésn]

take piano **lessons**

## program
プロウグレアム [próugræm]

a TV **program**

## match
メァチ [mætʃ]

a tennis **match**

**基本** ★★★ いろいろな名詞❷ 516

**名** テスト

▶ 数学の**テスト**がある
have a math _____

**基本** ★★★ いろいろな名詞❷ 517

**名** 試験

▶ 入学**試験**
an entrance _____

**基本** ★★★ いろいろな名詞❷ 518

**名** 授業，レッスン

▶ ピアノの**レッスン**を受ける
take piano _____

**基本** ★★★ いろいろな名詞❷ 519

**名** 番組，プログラム

▶ テレビ**番組**
a TV _____

**基本** ★★★ いろいろな名詞❷ 520

**名** 試合

▶ テニスの**試合**
a tennis _____

**基本** ★★★ いろいろな名詞❷ 511

**名** 活動

▶ ボランティア**活動**
volunteer _____

**基本** ★★★ いろいろな名詞❷ 512

**名** 芸術，美術

▶ **美術**館
an _____ museum

**基本** ★★★ いろいろな名詞❷ 513

**名** 合唱団

▶ **合唱団**で歌う
sing in a _____

**基本** ★★★ いろいろな名詞❷ 514

**名** 歌

▶ **歌**を歌う
sing a _____

**基本** ★★★ いろいろな名詞❷ 515

**名** 演劇，ドラマ

▶ **演劇**部
a _____ club

110

# gráde
グレイド [greid]

I'm in the eighth **grade**.

# clóthes
クロウズ [klouz]

change **clothes**

# cóllege
カーリヂ [kálidʒ]

go to **college**

# síze
サーイズ [saiz]

the same **size**

# univérsity
ユーニヴァ～スィティ [ju:nəvə́:rsəti]

a **university** student

# úniform
ユーニフォーム [jú:nəfɔ:rm]

Donald is in a **uniform**.

# cómpany
カンパニ [kÁmpəni]

a toy **company**

# hóliday
ハーリデイ [hálədei]

a national **holiday**

# rúle
ルーゥ [ru:l]

follow the **rules**

# vacátion
ヴェイケイション [veikéiʃən]

summer **vacation**

| | |
|---|---|
| ★★★ 基本　いろいろな名詞❷　**526** | ★★★ 基本　いろいろな名詞❷　**521** |
| 名 **衣服** | 名 **学年，等級** |
| ▶ 服を着替える<br>change ＿＿＿ | ▶ 私は8年生[中学2年生]です。<br>I'm in the eighth ＿＿＿. |
| ★★★ 基本　いろいろな名詞❷　**527** | ★★★ 基本　いろいろな名詞❷　**522** |
| 名 **大きさ** | 名 **大学** |
| ▶ 同じ**大きさ**<br>the same ＿＿＿ | ▶ **大学**に行く<br>go to ＿＿＿ |
| ★★★ 基本　いろいろな名詞❷　**528** | ★★★ 基本　いろいろな名詞❷　**523** |
| 名 **制服** | 名 **大学** |
| ▶ ドナルドは**制服**を着ています。<br>Donald is in a ＿＿＿. | ▶ **大学**生<br>a ＿＿＿ student |
| ★★★ 基本　いろいろな名詞❷　**529** | ★★★ 基本　いろいろな名詞❷　**524** |
| 名 **祝日** | 名 **会社** |
| ▶ 国民の**祝日**<br>a national ＿＿＿ | ▶ おもちゃ**会社**<br>a toy ＿＿＿ |
| ★★★ 基本　いろいろな名詞❷　**530** | ★★★ 基本　いろいろな名詞❷　**525** |
| 名 **休暇** | 名 **規則** |
| ▶ 夏休み<br>summer ＿＿＿ | ▶ **規則**を守る<br>follow the ＿＿＿ |

## ★★★ 基本　いろいろな名詞❷　531

# trip
トリップ [trip]

go on a **trip**

## ★★★ 基本　いろいろな名詞❷　536

# passport
ペァスポート [pǽspɔːrt]

May I see your **passport**, please?

## ★★★ 基本　いろいろな名詞❷　532

# camp
キャンプ [kæmp]

go **camping**

## ★★★ 基本　いろいろな名詞❷　537

# visitor
ヴィズィタァ [vízitər]

**visitors** from other countries

## ★★★ 基本　いろいろな名詞❷　533

# ocean
オウシャン [óuʃən]

the Pacific **Ocean**

## ★★★ 基本　いろいろな名詞❷　538

# photo
フォウトウ [fóutou]

my favorite **photo**

## ★★★ 基本　いろいろな名詞❷　534

# flight
フラーイト [flait]

How was your **flight**?

## ★★★ 基本　いろいろな名詞❷　539

# card
カード [kɑːrd]

Send me a **card**.

## ★★★ 基本　いろいろな名詞❷　535

# seat
スィート [siːt]

have a **seat**

## ★★★ 基本　いろいろな名詞❷　540

# gift
ギフト [gift]

a **gift** shop

113

名 パスポート

▶ **パスポート**を見てもよろしいですか。
May I see your _____, please?

名 訪問者，観光客

▶ ほかの国からの**訪問者[観光客]**
_____ from other countries

名 写真

▶ 私のお気に入りの**写真**
my favorite _____

名 カード，はがき

▶ **はがき**を送ってください。
Send me a _____.

名 贈り物

▶ **みやげ**店
a _____ shop

名 旅行

▶ **旅行**に行く
go on a _____

名 動 キャンプ（をする）

▶ **キャンプ**をしに行く
go _____

名 海，大洋

▶ 太平洋
the Pacific _____

名 飛行機の便，空の旅

▶ **空の旅**はいかがでしたか。
How was your _____?

名 座席

▶ すわる
have a _____

11

### roof
ルーフ [ru:f]

on the **roof**

### stair
ステアァ [steər]

go up the **stairs**

### person
パ～スン [pə́:rsn]

an important **person**

### group
グループ [gru:p]

make a **group** of five

### age
エイヂ [eidʒ]
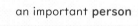

at the **age** of twelve

### husband
ハズバンド [hʌ́zbənd]

He is a good **husband.**

### wife
ワーイフ [waif]

my **wife** and I

### host
ホウスト [houst]

a **host** family

### wood
ウッド [wud]

This house is made of **wood.**

### paper
ペイパァ [péipər]

a piece of **paper**

**基本** ★★★ いろいろな名詞❷ 546

名 夫

▶ 彼はよい**夫**です。
He is a good _____.

**基本** ★★★ いろいろな名詞❷ 547

名 妻

▶ **妻**と私
my _____ and I

**基本** ★★★ いろいろな名詞❷ 548

名 （客をもてなす）**主人**

▶ **ホスト**ファミリー，ホームステイ先の家族
a _____ family

**基本** ★★★ いろいろな名詞❷ 549

名 木材

▶ この家は**木**でできています。
This house is made of _____.

**基本** ★★★ いろいろな名詞❷ 550

名 紙

▶ 1枚の**紙**
a piece of _____

**基本** ★★★ いろいろな名詞❷ 541

名 屋根

▶ **屋根**の上に
on the _____

**基本** ★★★ いろいろな名詞❷ 542

名 （複数形で）**階段**

▶ **階段**をのぼる
go up the _____

**基本** ★★★ いろいろな名詞❷ 543

名 人

▶ 重要な**人**
an important _____

**基本** ★★★ いろいろな名詞❷ 544

名 集団，グループ

▶ 5人の**グループ**を作る
make a _____ of five

**基本** ★★★ いろいろな名詞❷ 545

名 年齢

▶ 12歳のときに
at the _____ of twelve

★★★ 基本 いろいろな名詞❷ **551**

## fire
ファーイアァ [fáiər]

make a **fire**

★★★ 基本 基本動詞❷ **556**

## call
コーゥ [kɔ:l]

She **calls** him every day.

★★★ 基本 いろいろな名詞❷ **552**

## king
キング [kiŋ]

the **king** and queen

★★★ 基本 基本動詞❷ **557**

## say
セイ [sei]

Can you **say** that again?

★★★ 基本 いろいろな名詞❷ **553**

## magazine
メァガズィーン [mǽgəzi:n]

She is reading a science **magazine**.

★★★ 基本 基本動詞❷ **558**

## ask
エアスク [æsk]

**ask** a question

★★★ 基本 基本動詞❷ **554**

## teach
ティーチ [ti:tʃ]

**teach** English

★★★ 基本 基本動詞❷ **559**

## think
スィンク [θiŋk]

I **think** it will rain tomorrow.

★★★ 基本 基本動詞❷ **555**

## try
トラーイ [trai]

May I **try** this on?

★★★ 基本 基本動詞❷ **560**

## catch
キャッチ [kætʃ]

**catch** a ball

## 556
**★★★ 基本** 基本動詞❷

動 **呼ぶ，電話する**

▶ 彼女は毎日彼に電話します。
She ＿＿＿ him every day.

## 551
**★★★ 基本** いろいろな名詞❷

名 **火，火事**

▶ 火を起こす
make a ＿＿＿

## 557
**★★★ 基本** 基本動詞❷

動 **言う**

▶ もう一度言ってくれる？
Can you ＿＿＿ that again?

## 552
**★★★ 基本** いろいろな名詞❷

名 **王**（「女王」はqueen）

▶ 王と女王
the ＿＿＿ and queen

## 558
**★★★ 基本** 基本動詞❷

動 **たずねる**

▶ 質問をする
＿＿＿ a question

## 553
**★★★ 基本** いろいろな名詞❷

名 **雑誌**

▶ 彼女は科学雑誌を読んでいます。
She is reading a science ＿＿＿.

## 559
**★★★ 基本** 基本動詞❷

動 **考える，思う**

▶ あすは雨が降ると思います。
I ＿＿＿ it will rain tomorrow.

## 554
**★★★ 基本** 基本動詞❷

動 **教える**

▶ 英語を教える
＿＿＿ English

## 560
**★★★ 基本** 基本動詞❷

動 **つかまえる**

▶ ボールをとる
＿＿＿ a ball

## 555
**★★★ 基本** 基本動詞❷

動 **やってみる，食べてみる**

▶ これを試着してもいいですか。
May I ＿＿＿ this on?

©2021 Disney

## miss

★★★ 基本　基本動詞❷　561

ミス [mis]

I **missed** the bus.

## touch

★★★ 基本　基本動詞❷　562

タッチ [tʌtʃ]

**touch** my nose

## push

★★★ 基本　基本動詞❷　563

プッシュ [puʃ]

**push** the button

## spend

★★★ 基本　基本動詞❷　564

スペンド [spend]

**spend** a lot of money

## join

  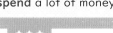 

★★★ 基本　基本動詞❷　565

ヂョーイン [dʒɔin]

Why don't you **join** us?

## hurry

★★★ 基本　基本動詞❷　566

ハ〜リ [hə́:ri]

**Hurry** up.

## change

★★★ 基本　基本動詞❷　567

チェインヂ [tʃéindʒ]

**change** trains

## put

★★★ 基本　基本動詞❷　568

プット [put]

**put** a glass on the table

## turn

★★★ 基本　基本動詞❷　569

タ〜ン [tə:rn]

Go straight and **turn** right.

## hold

  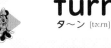  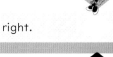   

★★★ 基本　基本動詞❷　570

ホウゥド [hould]

**hold** balloons

| | |
|---|---|
| **基本** ★★★ 基本動詞❷ 566 ©2021 Disney | **基本** ★★★ 基本動詞❷ 561 ©2021 Disney |
| 動 急ぐ | 動 のがす，〜がいなくてさびしく思う |
| ▶ 急ぎなさい。<br>____ up. | ▶ バスに乗り遅れました。<br>I ____ the bus. |
| **基本** ★★★ 基本動詞❷ 567 ©2021 Disney | **基本** ★★★ 基本動詞❷ 562 ©2021 Disney |
| 動 変える | 動 さわる |
| ▶ 電車を乗りかえる<br>____ trains | ▶ 自分の鼻をさわる<br>____ my nose |
| **基本** ★★★ 基本動詞❷ 568 ©2021 Disney | **基本** ★★★ 基本動詞❷ 563 ©2021 Disney |
| 動 置く | 動 押す |
| ▶ コップをテーブルに置く<br>____ a glass on the table | ▶ ボタンを押す<br>____ the button |
| **基本** ★★★ 基本動詞❷ 569 ©2021 Disney | **基本** ★★★ 基本動詞❷ 564 ©2021 Disney |
| 動 （左右に）曲がる<br>名 順番 | 動 （お金を）使う，<br>（時を）過ごす |
| ▶ まっすぐ行って右に曲がりなさい。<br>Go straight and ____ right. | ▶ たくさんのお金を使う<br>____ a lot of money |
| **基本** ★★★ 基本動詞❷ 570 ©2021 Disney | **基本** ★★★ 基本動詞❷ 565 ©2021 Disney |
| 動 （手に）持つ，<br>開催する | 動 加わる |
| ▶ 風船を手に持つ<br>____ balloons | ▶ 私たちの仲間に加わりませんか。<br>Why don't you ____ us? |

**★★★ 基本** 基本動詞❷  571

# thank
セアンク [θæŋk]

Thank you for calling.

---

**★★★ 基本** 基本動詞❷  576

# smile
スマイゥ [smail]

with a smile

---

**★★★ 基本** 基本動詞❷  572

# do
ドゥー [du:]

do my homework

---

**★★★ 基本** 基本動詞❷  577

# cry
クラーイ [krai]

Mickey cried, "I'm here!"

---

**★★★ 基本** 基本動詞❷  573

# let's
レッツ [lets]

Let's play baseball.

---

**★★★ 基本** 基本動詞❷  578

# sleep
スリープ [sli:p]

sleep for eight hours

---

**★★★ 基本** 基本動詞❷  574

# excuse
イクスキューズ [ikskjú:z]

Excuse me.

---

**★★★ 基本** 基本動詞❷  579

# find
ファーインド [faind]

find ants

---

**★★★ 基本** 基本動詞❷  575

# laugh
レァフ [læf]

Goofy laughed during the movie.

---

**★★★ 基本** 基本動詞❷  580

# throw
スロウ [θrou]

throw a snowball

21

| | |
|---|---|
| ★★★ 基本 基本動詞❷ 576 ©2021 Disney | ★★★ 基 本 基本動詞❷ 571 ©2021 Disney |
| 動 ほほえむ<br>名 ほほえみ | 動 感謝する |
| ▶ ほほえんで<br>with a ____ | ▶ 電話をくれてありがとう。<br>____ you for calling. |
| ★★★ 基本 基本動詞❷ 577 ©2021 Disney | ★★★ 基 本 基本動詞❷ 572 ©2021 Disney |
| 動 泣く，さけぶ | 動 （宿題などを）する |
| ▶ ミッキーは「ぼくはここだよ！」とさけびました。<br>Mickey ____, "I'm here!" | ▶ 宿題をする<br>____ my homework |
| ★★★ 基本 基本動詞❷ 578 ©2021 Disney | ★★★ 基 本 基本動詞❷ 573 ©2021 Disney |
| 動 眠る | 〜しましょう |
| ▶ 8時間眠る<br>____ for eight hours | ▶ 野球をしましょう。<br>____ play baseball. |
| ★★★ 基本 基本動詞❷ 579 ©2021 Disney | ★★★ 基 本 基本動詞❷ 574 ©2021 Disney |
| 動 見つける | 動 許す |
| ▶ アリを見つける<br>____ ants | ▶ すみません。／失礼します。<br>____ me. |
| ★★★ 基本 基本動詞❷ 580 ©2021 Disney | ★★★ 基 本 基本動詞❷ 575 ©2021 Disney |
| 動 投げる | 動 （声を出して）笑う |
| ▶ 雪玉を投げる<br>____ a snowball | ▶ グーフィーはその映画の間中笑っていました。<br>Goofy ____ during the movie. |

| | |
|---|---|
| ★★★ 基本 基本動詞❷ 581 | ★★★ 基本 基本動詞❷ 586 |

## cut
カット [kʌt]

cut down trees

## begin
ビギン [biɡin]

begin to rain

---

## paint
ペイント [peint]

paint a picture

## finish
フィニシュ [fíniʃ]

I finished reading this book.

---

## draw
ドロー [drɔː]

draw a line

## stop
スタープ [stɑp]

Stop talking.

---

## build
ビゥド [bild]

build a house

## jump
ヂャンプ [dʒʌmp]

jump into the water

---

## break
ブレイク [breik]

break a chair

## fly
フラーイ [flai]

fly in the sky

| ★★★ 基本 | 基本動詞❷ | 586 |

動 始める，始まる

▶ 雨が降り始める
＿＿ to rain

| ★★★ 基本 | 基本動詞❷ | 587 |

動 終える，終わる

▶ 私はこの本を読み終わりました。
I ＿＿ reading this book.

| ★★★ 基本 | 基本動詞❷ | 588 |

動 止まる，止める

▶ 話すのをやめなさい。
＿＿ talking.

| ★★★ 基本 | 基本動詞❷ | 589 |

動 跳ぶ，ジャンプする

▶ 水に跳び込む
＿＿ into the water

| ★★★ 基本 | 基本動詞❷ | 590 |

動 飛ぶ

▶ 空を飛ぶ
＿＿ in the sky

| ★★★ 基本 | 基本動詞❷ | 581 |

動 切る

▶ 木を切り倒す
＿＿ down trees

| ★★★ 基本 | 基本動詞❷ | 582 |

動 ペンキを塗る，（絵の具で絵を）描く

▶ 絵を描く
＿＿ a picture

| ★★★ 基本 | 基本動詞❷ | 583 |

動 （線を）引く

▶ 線を引く
＿＿ a line

| ★★★ 基本 | 基本動詞❷ | 584 |

動 建てる

▶ 家を建てる
＿＿ a house

| ★★★ 基本 | 基本動詞❷ | 585 |

動 こわす
名 休けい

▶ いすをこわす
＿＿ a chair

### 基本 ★★★ 基本動詞❷ 591

# ride
ラーイド [raid]

ride a bike

### 基本 ★★★ 基本動詞❷ 596

# sell
セゥ [sel]

sell old books

### 基本 ★★★ 基本動詞❷ 592

# climb
クラーイム [klaim]

climb a mountain

### 標準 ★★ 形容詞❷ 597

# few
フュー [fju:]

a few shells

### 基本 ★★★ 基本動詞❷ 593

# win
ウィン [win]

win the game

### 標準 ★★ 形容詞❷ 598

# little
リトォ [litl]

a little girl

### 基本 ★★★ 基本動詞❷ 594

# lose
ルーズ [lu:z]

lose money

### 標準 ★★ 形容詞❷ 599

# more
モーァ [mɔ:r]

She has more books than Ken.

### 基本 ★★★ 基本動詞❷ 595

# buy
バーイ [bai]

buy a lot of things

### 標準 ★★ 形容詞❷ 600

# less
レス [les]

less than 100 meters

25

| ★★★ 基本 | 基本動詞❷ | 596 |

**動 売る**

▶ 古い本を売る
_____ old books

| ★★ 標準 | 形容詞❷ | 597 |

**形 少しの（少数の）**

▶ 少数の貝がら
a _____ shells

| ★★ 標準 | 形容詞❷ | 598 |

**形 小さい，少しの（少量の）**

▶ 小さい女の子
a _____ girl

| ★★ 標準 | 形容詞❷ | 599 |

**形 もっと多くの**
**副 一部の語の比較級をつくる**

▶ 彼女は健より多くの本を持っています。
She has _____ books than Ken.

| ★★ 標準 | 形容詞❷ | 600 |

**形 より少ない**
**副 より少なく**

▶ 100メートル未満
_____ than 100 meters

| ★★★ 基本 | 基本動詞❷ | 591 |

**動 乗る**

▶ 自転車に乗る
_____ a bike

| ★★★ 基本 | 基本動詞❷ | 592 |

**動 登る**

▶ 山に登る
_____ a mountain

| ★★★ 基本 | 基本動詞❷ | 593 |

**動 勝つ**

▶ 試合に勝つ
_____ the game

| ★★★ 基本 | 基本動詞❷ | 594 |

**動 失う，負ける**

▶ お金をなくす
_____ money

| ★★★ 基本 | 基本動詞❷ | 595 |

**動 買う**

▶ たくさんのものを買う
_____ a lot of things

©2021 Disney

## 601

★★ 標準　形容詞❷

# mòst
モウスト [moust]

**most** students

## 602

★★ 標準　形容詞❷

# sèveral
セヴラゥ [sévrəl]

**several** times

## 603

★★ 標準　形容詞❷

# fùll
フゥ [ful]

The hall was **full** of young people.

## 604

★★ 標準　形容詞❷

# hàlf
ヘァフ [hæf]

for **half** an hour

## 605

★★ 標準　形容詞❷

# èmpty
エンプティ [émpti]

an **empty** glass

## 606

★★ 標準　形容詞❷

# enòugh
イナフ [inʌ́f]

We don't have **enough** time.

## 607

★★ 標準　形容詞❷

# òwn
オウン [oun]

her **own** room

## 608

★★ 標準　形容詞❷

# sùre
シュアァ [ʃuər]

I'm **sure** he's right.

## 609

★★ 標準　形容詞❷

# wèlcome
ウェゥカム [wélkəm]

**Welcome** to my home.

## 610

★★ 標準　形容詞❷

# dèar
ディアァ [diər]

**Dear** Minnie,

**606** 標準 形容詞❷

形 **十分な**

▶ 私たちには**十分な**時間がありません。
We don't have ＿＿＿ time.

**607** 標準 形容詞❷

形 **自分自身の**

▶ 彼女**自身の**部屋
her ＿＿＿ room

**608** 標準 形容詞❷

形 **確信して**
副 （返事で）**もちろん**

▶ 彼はきっと正しい**と思います**。
I'm ＿＿＿ he's right.

**609** 標準 形容詞❷

形 **歓迎される**
間 **ようこそ**

▶ **ようこそ**，わが家へ。
＿＿＿ to my home.

**610** 標準 形容詞❷

形 （手紙の書き出しで）
**親愛なる（～様）**

▶ **親愛なる**ミニーへ
＿＿＿ Minnie,

**601** 標準 形容詞❷

形 **たいていの**
副 一部の語の最上級をつくる

▶ **たいていの**生徒
＿＿＿ students

**602** 標準 形容詞❷

形 **いくつかの**

▶ 何度か
＿＿＿ times

**603** 標準 形容詞❷

形 **いっぱいの，満腹な**

▶ ホールは若い人たちで**いっぱい**でした。
The hall was ＿＿＿ of young people.

**604** 標準 形容詞❷

名 形 **半分（の）**

▶ 30分間
for ＿＿＿ an hour

**605** 標準 形容詞❷

形 **空の**

▶ **空っぽの**コップ
an ＿＿＿ glass

# born
ボーン [bɔːrn]

I was **born** in Chiba.

# pretty
プリティ [príti]

a **pretty** ribbon

# glad
グ**レ**アッド [glæd]

I'm **glad** to hear that.

# wonderful
ワンダフォ [wʌ́ndərfl]

a **wonderful** dress

# sorry
ソーリ [sɔ́ːri]

I'm **sorry** I'm late.

# angry
エァングリ [ǽŋgri]

get **angry**

# lucky
ラキ [lʌ́ki]

I was **lucky**.

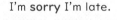

# afraid
アフレイド [əfréid]

Don't be **afraid** of making mistakes.

# friendly
フレンドリ [fréndli]

He's **friendly**.

# proud
プラウド [praud]

We're **proud** of Mickey.

形 きれいな,
かわいらしい

▶ かわいらしいリボン
a ＿＿ ribbon

形 すばらしい

▶ すばらしいドレス
a ＿＿ dress

形 （かんかんに）怒った

▶ 怒る
get ＿＿

形 こわがって

▶ まちがえることをこわがらないで。
Don't be ＿＿ of making mistakes.

形 誇りに思っている

▶ 私たちはミッキーを誇りに思っています。
We're ＿＿ of Mickey.

形 （be ＿＿ で）生まれる

▶ 私は千葉で生まれました。
I was ＿＿ in Chiba.

形 うれしい

▶ 私はそれを聞いてうれしいです。
I'm ＿＿ to hear that.

形 すまなく思って

▶ 遅れてすみません。
I'm ＿＿ I'm late.

形 幸運な

▶ 私は幸運でした。
I was ＿＿.

形 友好的な, 気さくな

▶ 彼は人なつっこいです。
He's ＿＿.

## 621

★★ 標準　形容詞❷

# sick
スィック [sik]

I was **sick** in bed.

## 626

★★ 標準　形容詞❷

# foreign
フォーリン [fɔ́:rin]

a **foreign** country

## 622

★★ 標準　形容詞❷

# nervous
ナ～ヴァス [nə́:rvəs]

I was very **nervous** then.

## 627

★★ 標準　形容詞❷

# better
ベタァ [bétər]

He plays soccer **better** than anyone else.

## 623

★★ 標準　形容詞❷

# shy
シャーイ [ʃai]

Don't be **shy**, Mickey.

## 628

★★ 標準　形容詞❷

# best
ベスト [best]

sing the **best** of all

## 624

★★ 標準　形容詞❷

# lonely
ロウンリ [lóunli]

feel **lonely**

## 629

★★ 標準　形容詞❷

# important
インポートント [impɔ́:rtnt]

the most **important** thing for me

## 625

★★ 標準　形容詞❷

# ready
レディ [rédi]

Are you **ready**?

## 630

★★ 標準　形容詞❷

# wide
ワーイド [waid]

a **wide** street

## 626

標準　形容詞❷

形 **外国の**

▶ 外国
a ＿＿＿ country

## 627

標準　形容詞❷

形
副 **もっとよい
もっとよく[上手に]**

▶ 彼はほかのだれよりサッカーが**上手**です。
He plays soccer ＿＿＿ than anyone else.

## 628

標準　形容詞❷

形
副 **もっともよい
もっともよく[上手に]**

▶ 全員の中でいちばん上手に歌う
sing the ＿＿＿ of all

## 629

標準　形容詞❷

形 **重要な**

▶ 私にとっていちばん**大切な**もの
the most ＿＿＿ thing for me

## 630

標準　形容詞❷

形 **（幅が）広い**

▶ 幅の広い通り
a ＿＿＿ street

## 621

標準　形容詞❷

形 **病気の**

▶ 私は**病気**で寝ていました。
I was ＿＿＿ in bed.

## 622

標準　形容詞❷

形 **不安になっている**

▶ 私はその時とても**不安**でした[**緊張していました**]。
I was very ＿＿＿ then.

## 623

標準　形容詞❷

形 **はずかしがりの**

▶ **はずかしがら**ないで，ミッキー。
Don't be ＿＿＿, Mickey.

## 624

標準　形容詞❷

形 **さびしい**

▶ **さびしい**と感じる
feel ＿＿＿

## 625

標準　形容詞❷

形 **準備ができた**

▶ **準備**はいいですか。
Are you ＿＿＿?

13

| | |
|---|---|
| 標準 形容詞❷ **631**<br><br># deep<br>ディープ [di:p]<br><br>the **deep** sea  | 標準 形容詞❷ **636**<br><br># weak<br>ウィーク [wi:k]<br><br>a **weak** voice  |
| 標準 形容詞❷ **632**<br><br># heavy<br>ヘヴィ [hévi]<br><br>a **heavy** box  | 標準 形容詞❷ **637**<br><br># expensive<br>イクスペンスィヴ [ikspénsiv]<br><br>This car is **expensive**.  |
| 標準 形容詞❷ **633**<br><br># light<br>ライト [lait]<br><br>turn on the **light**  | 標準 形容詞❷ **638**<br><br># cheap<br>チープ [tʃi:p]<br><br>This dress looks **cheap**.  |
| 標準 形容詞❷ **634**<br><br># dark<br>ダーク [dɑːrk]<br><br>It's getting **dark** outside.  | 標準 形容詞❷ **639**<br><br># rich<br>リチ [ritʃ]<br><br>I want to be **rich**.  |
| 標準 形容詞❷ **635**<br><br># strong<br>ストローング [strɔːŋ]<br><br>a **strong** girl  | 標準 形容詞❷ **640**<br><br># poor<br>プアァ [puər]<br><br>**poor** countries  |

標準 形容詞❷ **636**

形 弱い

▶ 弱い[かすかな]声
a _____ voice

標準 形容詞❷ **631**

形 深い

▶ 深海
the _____ sea

標準 形容詞❷ **637**

形 高価な

▶ この車は高い。
This car is _____.

標準 形容詞❷ **632**

形 重い

▶ 重い箱
a _____ box

標準 形容詞❷ **638**

形 安い，安っぽい

▶ このドレスは安っぽく見えます。
This dress looks _____.

標準 形容詞❷ **633**

形 明るい，軽い
名 明かり，光

▶ 明かりをつける
turn on the _____

標準 形容詞❷ **639**

形 金持ちの，豊かな

▶ 私は金持ちになりたい。
I want to be _____.

標準 形容詞❷ **634**

形 暗い

▶ 外は暗くなってきています。
It's getting _____ outside.

標準 形容詞❷ **640**

形 貧しい，
かわいそうな

▶ 貧しい国々
_____ countries

標準 形容詞❷ **635**

形 強い

▶ 強い女の子
a _____ girl

13

## 641

**標準** ★★　形容詞❷

# dirty
ダ〜ティ [dɔ́ːrti]

get **dirty**

## 642

**標準** ★★　形容詞❷

# safe
セイフ [seif]

a **safe** place

## 643

**標準** ★★　形容詞❷

# dangerous
ディンヂャラス [déindʒərəs]

It is **dangerous.**

## 644

**標準** ★★　形容詞❷

# quiet
クワーイエト [kwáiət]

Be **quiet.**

## 645

**標準** ★★　形容詞❷

# noisy
ノイズィ [nɔ́izi]

**noisy** children

## 646

**標準** ★★　形容詞❷

# crowded
クラウディド [kráudid]

The bus was very **crowded.**

## 647

**標準** ★★　形容詞❷

# simple
スィンポゥ [simpl]

a **simple** game

## 648

**標準** ★★　形容詞❷

# natural
ネァチュラゥ [nǽtʃərəl]

**natural** gas

## 649

**標準** ★★　形容詞❷

# cute
キュート [kjuːt]

a **cute** girl

## 650

**標準** ★★　形容詞❷

# sweet
スウィート [swiːt]

This candy is **sweet.**

| | | | | |
|---|---|---|---|---|
| **標準** ★★ | 形容詞❷ | **646** | **標準** ★★ | 形容詞❷ | **641** |

形 **こみ合った**

▶ バスはとてもこみ合っていました。
The bus was very ____.

形 **汚い**

▶ 汚れる
get ____

| **標準** ★★ | 形容詞❷ | **647** |
|---|---|---|

形 **単純な**

▶ 単純なゲーム
a ____ game

| **標準** ★★ | 形容詞❷ | **642** |
|---|---|---|

形 **安全な**

▶ 安全な場所
a ____ place

| **標準** ★★ | 形容詞❷ | **648** |
|---|---|---|

形 **自然の**

▶ 天然ガス
____ gas

| **標準** ★★ | 形容詞❷ | **643** |
|---|---|---|

形 **危険な**

▶ 危険です。
It is ____.

| **標準** ★★ | 形容詞❷ | **649** |
|---|---|---|

形 **かわいい**

▶ かわいらしい女の子
a ____ girl

| **標準** ★★ | 形容詞❷ | **644** |
|---|---|---|

形 **静かな**

▶ 静かにして。
Be ____.

| **標準** ★★ | 形容詞❷ | **650** |
|---|---|---|

形 **あまい**

▶ このあめはあまいです。
This candy is ____.

| **標準** ★★ | 形容詞❷ | **645** |
|---|---|---|

形 **うるさい**

▶ さわがしい子どもたち
____ children

| 標準 ★★ 形容詞❷ | 651 |
|---|---|

# bright
ブ**ラ**ーイト [brait]

a **bright** star

| 標準 ★★ 形容詞❷ | 652 |
|---|---|

# special
ス**ペ**シャゥ [spéʃəl]

a **special** day

| 標準 ★★ 形容詞❷ | 653 |
|---|---|

# strange
スト**レ**インヂ [streindʒ]

a **strange** dream

| 標準 ★★ 形容詞❷ | 654 |
|---|---|

# funny
**ファ**ニ [fʌ́ni]

a **funny** story

| 標準 ★★ 形容詞❷ | 655 |
|---|---|

# exciting
イク**サ**ーイティング [iksáitiŋ]

an **exciting** roller coaster

| 標準 ★★ 形容詞❷ | 656 |
|---|---|

# useful
**ユ**ースフォ [júːsfl]

Smartphones are **useful.**

| 標準 ★★ 形容詞❷ | 657 |
|---|---|

# convenient
コン**ヴィ**ーニエント [kənvíːnjənt]

When is it **convenient** for you?

| 標準 ★★ 形容詞❷ | 658 |
|---|---|

# local
**ロ**ウカゥ [lóukəl]

**local** food

| 標準 ★★ 形容詞❷ | 659 |
|---|---|

# national
**ネァ**ショナゥ [nǽʃənəl]

a **national** park

| 標準 ★★ 形容詞❷ | 660 |
|---|---|

# international
インタ**ネァ**ショナゥ [intərnǽʃənəl]

an **international** airport

| 標準 ★★ 形容詞❷ | 656 | ©2021 Disney |
|---|---|---|

形 役に立つ

▶ スマートフォンは便利です。
Smartphones are ＿＿＿.

| 標準 ★★ 形容詞❷ | 657 | ©2021 Disney |
|---|---|---|

形 便利な，都合のよい

▶ あなたはいつ都合がいいですか。
When is it ＿＿＿ for you?

| 標準 ★★ 形容詞❷ | 658 | ©2021 Disney |
|---|---|---|

形 その地域の

▶ その土地の食べ物，地元料理
＿＿＿ food

| 標準 ★★ 形容詞❷ | 659 | ©2021 Disney |
|---|---|---|

形 国の

▶ 国立公園
a ＿＿＿ park

| 標準 ★★ 形容詞❷ | 660 | ©2021 Disney |
|---|---|---|

形 国際的な

▶ 国際空港
an ＿＿＿ airport

| 標準 ★★ 形容詞❷ | 651 | ©2021 Disney |
|---|---|---|

形 かがやいている

▶ 明るい星
a ＿＿＿ star

| 標準 ★★ 形容詞❷ | 652 | ©2021 Disney |
|---|---|---|

形 特別の

▶ 特別な日
a ＿＿＿ day

| 標準 ★★ 形容詞❷ | 653 | ©2021 Disney |
|---|---|---|

形 奇妙な

▶ 奇妙な夢
a ＿＿＿ dream

| 標準 ★★ 形容詞❷ | 654 | ©2021 Disney |
|---|---|---|

形 おかしな，
おもしろい

▶ おもしろおかしい話
a ＿＿＿ story

| 標準 ★★ 形容詞❷ | 655 | ©2021 Disney |
|---|---|---|

形 わくわくさせる

▶ わくわくするジェットコースター
an ＿＿＿ roller coaster

13

## cultural
カゥチュラゥ [kʌ́ltʃərəl]

cultural differences

## amazing
アメイズィンヶ [əméiziŋ]

an amazing story

## traditional
トラディショナゥ [trədíʃənəl]

a traditional festival

## borrow
バーロウ [bárou]

Can I borrow your pen?

## healthy
ヘゥスィ [hélθi]

healthy food

## lend
レンド [lend]

Can you lend me this book?

## dead
デッド [ded]

dead people

## give
ギゥ [giv]

give her a present

## such
サチ [sʌ́tʃ]

Don't ask me such a question.

## send
センド [send]

send me an e-mail

**標準** 形容詞❷ 666

形 おどろくべき

▶ おどろくような話
an _____ story

**標準** 中2レベルの動詞 667

動 借りる

▶ あなたのペンを借りてもいいですか。
Can I _____ your pen?

**標準** 中2レベルの動詞 668

動 貸す

▶ この本を貸してくれますか。
Can you _____ me this book?

**標準** 中2レベルの動詞 669

動 与える

▶ 彼女にプレゼントをあげる
_____ her a present

**標準** 中2レベルの動詞 670

動 送る

▶ 私にメールを送る
_____ me an e-mail

**標準** 形容詞❷ 661

形 文化の

▶ 文化的なちがい
_____ differences

**標準** 形容詞❷ 662

形 伝統的な

▶ 伝統的な祭り
a _____ festival

**標準** 形容詞❷ 663

形 健康な

▶ 健康によい食べ物
_____ food

**標準** 形容詞❷ 664

形 死んでいる

▶ 死んだ人たち
_____ people

**標準** 形容詞❷ 665

形 そのような

▶ 私にそんな質問をしないでください。
Don't ask me _____ a question.

140

# show
ショウ [ʃou]

show me a picture

# taste
テイスト [teist]

This tastes good.

# tell
テゥ [tel]

Please tell me about your friends.

# smell
スメゥ [smel]

smell sweet

# become
ビカム [bikʌm]

become famous

# guess
ゲス [ges]

Can you guess?

# feel
フィーゥ [fi:l]

I feel happy.

# understand
アンダステァンド [ʌndərstǽnd]

understand each other

# sound
サウンド [saund]

That sounds good.

# learn
ラ〜ン [lə:rn]

I learned a lot about other cultures.

**676** 標準 中2レベルの動詞

動 名 〜な味がする
味

▶ これはおいしい（味がする）。
This ____ good.

**677** 標準 中2レベルの動詞

動 名 〜なにおいがする
におい

▶ あまい香りがする
____ sweet

**678** 標準 中2レベルの動詞

動 推測する

▶ （答えを）当てられますか。
Can you ____?

**679** 標準 中2レベルの動詞

動 理解する

▶ お互いを理解する
____ each other

**680** 標準 中2レベルの動詞

動 学ぶ，習い覚える

▶ 私はほかの文化についてたくさんのことを学びました。
I ____ a lot about other cultures.

**671** 標準 中2レベルの動詞

動 見せる

▶ 私に絵を見せる
____ me a picture

**672** 標準 中2レベルの動詞

動 伝える，話す

▶ あなたの友達について私に教えてください。
Please ____ me about your friends.

**673** 標準 中2レベルの動詞

動 〜になる

▶ 有名になる
____ famous

**674** 標準 中2レベルの動詞

動 〜と感じる

▶ 私は幸せだと感じます。
I ____ happy.

**675** 標準 中2レベルの動詞

動 名 〜に聞こえる
音

▶ 〈相手の話を聞いて〉それはいいですね。
That ____ good.

# remember
リメンバァ [rimémbər]

I **remember** my elementary school days.

# hope
ホウプ [houp]

I **hope** it's sunny tomorrow.

# forget
フォ**ゲ**ト [fərgét]

Goofy sometimes **forgets**.

# believe
ビリーヴ [bilíːv]

I **believe** that he will come.

# decide
ディ**サ**ーイド [disáid]

I **decided** to study abroad.

# worry
ワ〜リ [wə́ːri]

Don't **worry**, Donald.

# agree
ア**グ**リー [əgríː]

I **agree** with you.

# mean
ミーン [miːn]

What does this word **mean**?

# need
ニード [niːd]

I **need** your help.

# share
シェアァ [ʃeər]

Let's **share** this pizza.

## 686 標準 中2レベルの動詞

動 望む
名 希望

▶ あす晴れるといいな。
　I _____ it's sunny tomorrow.

## 687 標準 中2レベルの動詞

動 信じる

▶ 彼は来るだろうと信じています。
　I _____ that he will come.

## 688 標準 中2レベルの動詞

動 心配する

▶ 心配しないで，ドナルド。
　Don't _____, Donald.

## 689 標準 中2レベルの動詞

動 意味する

▶ この単語はどういう意味ですか。
　What does this word _____?

## 690 標準 中2レベルの動詞

動 分け合う，共有する

▶ このピザを分け合いましょう。
　Let's _____ this pizza.

## 681 標準 中2レベルの動詞

動 覚えている，
　思い出す

▶ 私は小学校の日々のことを覚えています。
　I _____ my elementary school days.

## 682 標準 中2レベルの動詞

動 忘れる

▶ グーフィーはときどき忘れることがあります。
　Goofy sometimes _____.

## 683 標準 中2レベルの動詞

動 決める

▶ 私は外国で勉強することを決心しました。
　I _____ to study abroad.

## 684 標準 中2レベルの動詞

動 同意する

▶ あなたに賛成です。
　I _____ with you.

## 685 標準 中2レベルの動詞

動 必要とする

▶ あなたの助けが必要です。
　I _____ your help.

©2021 Disney

# move
ムーヴ [muːv]

I was **moved** by her words.

# wear
ウェアァ [weər]

She is **wearing** a ribbon.

# travel
トレァヴェゥ [trǽvəl]

**travel** around the world

# save
セイヴ [seiv]

**save** a child from the fire

# arrive
アラーイヴ [əráiv]

**arrive** at a hotel

# pass
ペァス [pæs]

Could you **pass** me the salt?

# carry
キャリ [kǽri]

He **carried** my books.

# follow
ファーロウ [fálou]

Please **follow** me.

# keep
キープ [kiːp]

keep the river clean

# hit
ヒット [hit]

A ball **hit** me.

標準 ★★ 中2レベルの動詞 696

動 身につけている

▶ 彼女はリボンをつけています。
She is ＿＿＿ a ribbon.

©2021 Disney

標準 ★★ 中2レベルの動詞 697

動 救う，節約する

▶ 火事から子どもを救う
＿＿＿ a child from the fire

©2021 Disney

標準 ★★ 中2レベルの動詞 698

動 通過する，手渡す

▶ お塩を取ってくれますか。
Could you ＿＿＿ me the salt?

©2021 Disney

標準 ★★ 中2レベルの動詞 699

動 ついていく

▶ 私についてきてください。
Please ＿＿＿ me.

©2021 Disney

標準 ★★ 中2レベルの動詞 700

動 打つ，ぶつかる

▶ ボールが私に当たりました。
A ball ＿＿＿ me.

©2021 Disney

標準 ★★ 中2レベルの動詞 691

動 動く，動かす，
感動させる

▶ 私は彼女の言葉に感動しました。
I was ＿＿＿ by her words.

©2021 Disney

標準 ★★ 中2レベルの動詞 692

動 旅行する
名 旅行

▶ 世界中を旅行する
＿＿＿ around the world

©2021 Disney

標準 ★★ 中2レベルの動詞 693

動 到着する

▶ ホテルに到着する
＿＿＿ at a hotel

©2021 Disney

標準 ★★ 中2レベルの動詞 694

動 運ぶ，持ち運ぶ

▶ 彼は私の本を運んでくれました。
He ＿＿＿ my books.

©2021 Disney

標準 ★★ 中2レベルの動詞 695

動 保つ，（＿＿＿ A Bで）
AをBの状態にしておく

▶ 川をきれいにしておく
＿＿＿ the river clean

©2021 Disney

14

# hurt
ハ〜ト [həːrt]

I **hurt** my finger.

# cheer
チアァ [tʃíər]

Let's **cheer** him up.

# kill
キゥ [kil]

A lot of people were **killed** in the war.

# explain
イクスプレイン [ikspléin]

**explain** in English

# choose
チューズ [tʃuːz]

**choose** the right answer

# return
リタ〜ン [ritə́ːrn]

**return** a book to the library

# pick
ピック [pik]

**pick** up cans

# check
チェック [tʃek]

**check** e-mails

# invite
インヴァーイト [inváit]

I **invited** him to the party.

# compare
コンペアァ [kəmpéər]

**compare** Mickey with Donald

| | |
|---|---|
| ★★ 標準　中2レベルの動詞　**706** | ★★ 標準　中2レベルの動詞　**701** |
| 動 **元気づける** | 動 **傷つける，痛む** |
| ▶ 彼を**元気づけ**よう。<br>Let's ＿＿＿ him up. | ▶ 指を**傷つけ**てしまいました。<br>I ＿＿＿ my finger. |
| ★★ 標準　中2レベルの動詞　**707** | ★★ 標準　中2レベルの動詞　**702** |
| 動 **説明する** | 動 **殺す** |
| ▶ 英語で**説明する**<br>＿＿＿ in English | ▶ たくさんの人々がその戦争で**死**にました。<br>A lot of people were ＿＿＿ in the war. |
| ★★ 標準　中2レベルの動詞　**708** | ★★ 標準　中2レベルの動詞　**703** |
| 動 **戻る，戻す** | 動 **選ぶ** |
| ▶ 図書館に本を**返す**<br>＿＿＿ a book to the library | ▶ 正しい答えを**選ぶ**<br>＿＿＿ the right answer |
| ★★ 標準　中2レベルの動詞　**709** | ★★ 標準　中2レベルの動詞　**704** |
| 動 **調べる** | 動 **（花や実を）つむ，選ぶ** |
| ▶ メールを**チェックする**<br>＿＿＿ e-mails | ▶ 缶を**拾う**<br>＿＿＿ up cans |
| ★★ 標準　中2レベルの動詞　**710** | ★★ 標準　中2レベルの動詞　**705** |
| 動 **比べる** | 動 **招待する** |
| ▶ ミッキーをドナルドと**比べる**<br>＿＿＿ Mickey with Donald | ▶ 私は彼をパーティーに**招待しました**。<br>I ＿＿＿ him to the party. |

**標準** 中2レベルの動詞

# receive
リスィーヴ [risíːv]

receive a lot of letters

**標準** 中2レベルの動詞

# disappear
ディサピアァ [dìsəpíər]

The man suddenly **disappeared**.

---

**標準** 中2レベルの動詞

# grow
グロウ [grou]

grow flowers

**標準** 中2レベルの動詞

# relax
リラクス [rilǽks]

I'm going to **relax** tomorrow.

---

**標準** 中2レベルの動詞

# die
ダーイ [dai]

He **died** in 1950.

**標準** 中2レベルの動詞

# rise
ラーイズ [raiz]

The sun **rises** in the east.

---

**標準** 中2レベルの動詞

# happen
ヘァプン [hǽpən]

What **happened**?

**標準** 形・位置関係

# shape
シェイプ [ʃeip]

What **shape** is it?

---

**標準** 中2レベルの動詞

# appear
アピアァ [əpíər]

They suddenly **appeared**.

**標準** 形・位置関係

# point
ポイント [point]

a good **point**

**716** 標準　中2レベルの動詞

動　見えなくなる

▶ その男性は突然いなくなりました。
The man suddenly ＿＿＿.

**717** 標準　中2レベルの動詞

動　くつろぐ

▶ あすはくつろぐつもりです。
I'm going to ＿＿＿ tomorrow.

**718** 標準　中2レベルの動詞

動　上がる

▶ 太陽は東からのぼります。
The sun ＿＿＿ in the east.

**719** 標準　形・位置関係

名　形

▶ それはどんな形ですか。
What ＿＿＿ is it?

**720** 標準　形・位置関係

名　点
動　指さす

▶ よい点／長所
a good ＿＿＿

---

**711** 標準　中2レベルの動詞

動　受け取る

▶ たくさんの手紙を受け取る
＿＿＿ a lot of letters

**712** 標準　中2レベルの動詞

動　成長する，育てる

▶ 花を育てる
＿＿＿ flowers

**713** 標準　中2レベルの動詞

動　死ぬ

▶ 彼は1950年に死にました。
He ＿＿＿ in 1950.

**714** 標準　中2レベルの動詞

動　起こる

▶ 何があったのですか。／どうしたの？
What ＿＿＿?

**715** 標準　中2レベルの動詞

動　現れる

▶ 彼らが突然現れました。
They suddenly ＿＿＿.

**721** 標準 形・位置関係

# circle
サ〜コゥ [sə́:rkl]

draw a **circle**

**726** 標準 形・位置関係

# top
ターブ [tap]

the **top** of the mountain

---

**722** 標準 形・位置関係

# square
スク**ウェ**アァ [skwéər]

a **square** table

**727** 標準 形・位置関係

# end
**エ**ンド [end]

at the **end** of April

---

**723** 標準 形・位置関係

# front
フ**ラ**ント [frʌnt]

in **front** of the station

**728** 標準 形・位置関係

# center
**セ**ンタァ [séntər]

the **center** of a circle

---

**724** 標準 形・位置関係

# back
ベアック [bæk]

I'll call **back** later.

**729** 標準 形・位置関係

# middle
**ミ**ドゥ [mídl]

in the **middle** of this month

---

**725** 標準 形・位置関係

# side
**サ**ーイド [said]

on the left **side**

**730** 標準 形・位置関係

# into
**イ**ントゥー [intu:]

go **into** the room

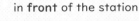

**726** 標準 形・位置関係

名 頂上

▶ 山の頂上
the _____ of the mountain

**721** 標準 形・位置関係

名 円形
動 丸で囲む

▶ 円をかく
draw a _____

**727** 標準 形・位置関係

名 終わり
動 終わる

▶ 4月の終わりに
at the _____ of April

**722** 標準 形・位置関係

名 四角
形 四角い

▶ 四角いテーブル
a _____ table

**728** 標準 形・位置関係

名 中心，センター

▶ 円の中心
the _____ of a circle

**723** 標準 形・位置関係

名 前

▶ 駅の前に
in _____ of the station

**729** 標準 形・位置関係

名 真ん中

▶ 今月の中ごろに
in the _____ of this month

**724** 標準 形・位置関係

名 うしろ，背中
副 うしろへ，もとへ

▶ あとで電話をかけ直します。
I'll call _____ later.

**730** 標準 形・位置関係

前 〜の中へ

▶ 部屋の中に入っていく
go _____ the room

**725** 標準 形・位置関係

名 側面

▶ 左側に
on the left _____

# through
スルー [θru:]

go **through** the town

# between
ビト**ウィーン** [bitwíːn]

I am **between** Mickey and Donald.

# inside
イン**サーイ**ド [insáid]

What's **inside**?

# among
ア**マング** [əmʌ́ŋ]

This song is popular **among** young people.

# outside
アウト**サーイ**ド [autsáid]

It's cold **outside**.

# along
ア**ローン**グ [əlɔ́ːŋ]

go **along** the river

# behind
ビ**ハーイ**ンド [biháind]

Someone is **behind** the door.

# across
ア**クロー**ス [əkrɔ́ːs]

go **across** the river

# beside
ビ**サーイ**ド [bisáid]

sit **beside** him

# against
ア**ゲン**スト [əgénst]

I'm **against** the plan.

| | |
|---|---|
| **標準** 形・位置関係 **736** | **標準** 形・位置関係 **731** |
| 前 **(2つ)の間に** | 前 **〜を通り抜けて** |
| ▶ 私はミッキーとドナルドの間にいます。<br>I am ＿＿＿ Mickey and Donald. | ▶ 町を通り抜けて行く<br>go ＿＿＿ the town |
| **標準** 形・位置関係 **737** | **標準** 形・位置関係 **732** |
| 前 **(3つ以上)の間に** | 前 副 名 **(〜の)内側(に)** |
| ▶ この歌は若者の間で人気です。<br>This song is popular ＿＿＿ young people. | ▶ 中に何があるのですか。<br>What's ＿＿＿? |
| **標準** 形・位置関係 **738** | **標準** 形・位置関係 **733** |
| 前 **〜に沿って** | 前 副 名 **(〜の)外側(に)** |
| ▶ 川沿いに行く<br>go ＿＿＿ the river | ▶ 外は寒いです。<br>It's cold ＿＿＿. |
| **標準** 形・位置関係 **739** | **標準** 形・位置関係 **734** |
| 前 **〜を横切って** | 前 **〜のうしろに** |
| ▶ 川を横切って行く<br>go ＿＿＿ the river | ▶ だれかがドアのうしろにいます。<br>Someone is ＿＿＿ the door. |
| **標準** 形・位置関係 **740** | **標準** 形・位置関係 **735** |
| 前 **〜に反対して** | 前 **〜のそばに**  |
| ▶ 私はその計画に反対です。<br>I'm ＿＿＿ the plan. | ▶ 彼のそばにすわる<br>sit ＿＿＿ him |

**標準** 形・位置関係 **741**

# above
アバヴ [əbʌ́v]

fly **above** the clouds

---

**標準** 接続詞・代名詞など **746**

# however
ハウエヴァァ [hauévər]

He was rich. **However,** he was not happy.

---

**標準** 接続詞・代名詞など **742**

# because
ビコーズ [bikɔ́ːz]

I went to bed early **because** I was tired.

---

**標準** 接続詞・代名詞など **747**

# though
ゾウ [ðou]

**Though** it was raining, he went out.

---

**標準** 接続詞・代名詞など **743**

# if
イフ [if]

Let's go shopping tomorrow **if** you are free.

---

**標準** 接続詞・代名詞など **748**

# since
スィンス [sins]

I've been busy **since** yesterday.

---

**標準** 接続詞・代名詞など **744**

# than
ゼァン [ðæn]

Goofy is taller **than** Donald.

---

**標準** 接続詞・代名詞など **749**

# until
アンティゥ [əntíl]

wait **until** 9:00

---

**標準** 接続詞・代名詞など **745**

# while
ワーイゥ [hwail]

He visited Kyoto **while** he was in Japan.

---

**標準** 接続詞・代名詞など **750**

# during
デュアリング [djúəriŋ]

**during** the summer vacation

## 746 標準 ★★ 接続詞・代名詞など

[副] しかしながら

▶ 彼は金持ちでした。**しかしながら**幸せではありませんでした。
He was rich. _____, he was not happy.

©2021 Disney

## 741 標準 ★★ 形・位置関係

[前][副] （〜の）上に
（離れて上の方に）

▶ 雲の上を飛ぶ
fly _____ the clouds

©2021 Disney

## 747 標準 ★★ 接続詞・代名詞など

[接] 〜だけれども

▶ 雨が降っていた**けれども**, 彼は外出しました。
_____ it was raining, he went out.

©2021 Disney

## 742 標準 ★★ 接続詞・代名詞など

[接] なぜなら（〜だから）

▶ 私は疲れていた**ので**, 早く寝ました。
I went to bed early _____ I was tired.

©2021 Disney

## 748 標準 ★★ 接続詞・代名詞など

[前][接] 〜以来（ずっと）

▶ 私はきのう**からずっと**忙しいです。
I've been busy _____ yesterday.

©2021 Disney

## 743 標準 ★★ 接続詞・代名詞など

[接] もし〜ならば

▶ **もし**あなたがひま**なら**, あす買い物に行きましょう。
Let's go shopping tomorrow _____ you are free.

©2021 Disney

## 749 標準 ★★ 接続詞・代名詞など

[前][接] 〜まで（ずっと）

▶ 9時**まで**待つ
wait _____ 9:00

©2021 Disney

## 744 標準 ★★ 接続詞・代名詞など

[接][前] 〜よりも

▶ グーフィーはドナルド**より**背が高いです。
Goofy is taller _____ Donald.

©2021 Disney

## 750 標準 ★★ 接続詞・代名詞など

[前] （特定の期間）の 間に

▶ 夏休み**の間に**
_____ the summer vacation

©2021 Disney

## 745 標準 ★★ 接続詞・代名詞など

[接] 〜する 間に

▶ 彼は日本にいる**間に**京都を訪れました。
He visited Kyoto _____ he was in Japan.

©2021 Disney

**標準** 接続詞・代名詞など **751**

# other
アザァ [ʌ́ðər]

other students

**標準** 接続詞・代名詞など **756**

# both
ボウス [bouθ]

Both Minnie and Daisy love music.

---

**標準** 接続詞・代名詞など **752**

# another
アナザァ [ənʌ́ðər]

another cup of tea

**標準** 接続詞・代名詞など **757**

# something
サムスィング [sʌ́mθiŋ]

I want something to eat.

---

**標準** 接続詞・代名詞など **753**

# either
イーザァ [íːðər]

I can't swim. — I can't, either.

**標準** 接続詞・代名詞など **758**

# anything
エニスィング [éniθiŋ]

I don't have anything to eat.

---

**標準** 接続詞・代名詞など **754**

# neither
ニーザァ [níːðər]

He likes neither dogs nor cats.

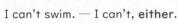

**標準** 接続詞・代名詞など **759**

# everything
エヴリスィング [évriθiŋ]

Everything is beautiful.

---

**標準** 接続詞・代名詞など **755**

# each
イーチ [íːtʃ]

each student

**標準** 接続詞・代名詞など **760**

# nothing
ナスィング [nʌ́θiŋ]

I have nothing to do.

57

| | |
|---|---|
| **標準** 接続詞・代名詞など **756** | **標準** 接続詞・代名詞など **751** |
| 代 形 **両方（の）** 接 **（___ A and Bで）AもBも両方とも** | 代 **ほかの人［もの］** 形 **ほかの** |
| ▶ ミニーもデイジーも音楽が大好きです。 ＿＿＿ Minnie and Daisy love music. | ▶ ほかの生徒たち ＿＿＿ students |
| **標準** 接続詞・代名詞など **757** | **標準** 接続詞・代名詞など **752** |
| 代 **何か** | 代 形 **もう1つ（の）** |
| ▶ 私は何か食べるものがほしいです。 I want ＿＿＿ to eat. | ▶ もう1杯の紅茶 ＿＿＿ cup of tea |
| **標準** 接続詞・代名詞など **758** | **標準** 接続詞・代名詞など **753** |
| 代 **（疑問文で）何か， （否定文で）何も（〜ない）** | 副 **（否定文で）〜もまた** |
| ▶ 私は何も食べるものを持っていません。 I don't have ＿＿＿ to eat. | ▶ 私は泳げません。— 私もです。 I can't swim. — I can't, ＿＿＿. |
| **標準** 接続詞・代名詞など **759** | **標準** 接続詞・代名詞など **754** |
| 代 **あらゆること［もの］** | 副 **どちらも〜ない** |
| ▶ あらゆるものが美しい。 ＿＿＿ is beautiful. | ▶ 彼は犬もねこもどちらも好きではありません。 He likes ＿＿＿ dogs nor cats. |
| **標準** 接続詞・代名詞など **760** | **標準** 接続詞・代名詞など **755** |
| 代 **何も〜ない** | 代 形 **それぞれ（の）** |
| ▶ 私には何もすることがありません。 I have ＿＿＿ to do. | ▶ それぞれの生徒 ＿＿＿ student |

©2021 Disney

# someone
サムワン [sʌ́mwʌn]

Someone broke the window.

# anyone
エニワン [éniwʌn]

Does anyone know him?

# everyone
エヴリワン [évriwʌn]

Everyone knows Mickey.

# no one
ノウワン [nóu wʌn]

No one was in the room.

# somewhere
サムウェアァ [sʌ́mhweɚ]

somewhere in the world

# anywhere
エニウェアァ [énihweɚ]

I couldn't find my cat anywhere.

# everywhere
エヴリウェアァ [évrihweɚ]

I looked for my cat everywhere.

# can
キャン [kæn]

I can swim.

# could
クド [kud]

Could you tell me the way to the station?

# will
ウィゥ [wil]

I will help you.

| 標準 ★★ 接続詞・代名詞など | 766 |
|---|---|

副 （疑問文で）どこかに，
（否定文で）どこにも

▶ 私のねこはどこにも見つけられませんでした。
I couldn't find my cat _____.

©2021 Disney

| 標準 ★★ 接続詞・代名詞など | 767 |
|---|---|

副 どこでも

▶ 私のねこをいたる所でさがしました。
I looked for my cat _____.

©2021 Disney

| 標準 ★★ 助動詞のまとめ | 768 |
|---|---|

助 ～できる

▶ 私は泳げます。
I _____ swim.

©2021 Disney

| 標準 ★★ 助動詞のまとめ | 769 |
|---|---|

助 ～できた，（ ___ you ～?で）
～していただけますか

▶ 駅までの道を教えていただけますか。
_____ you tell me the way to the station?

©2021 Disney

| 標準 ★★ 助動詞のまとめ | 770 |
|---|---|

助 ～だろう，～します

▶ 手伝いますよ。
I _____ help you.

©2021 Disney

| 標準 ★★ 接続詞・代名詞など | 761 |
|---|---|

代 だれか

▶ だれかが窓を割りました。
_____ broke the window.

©2021 Disney

| 標準 ★★ 接続詞・代名詞など | 762 |
|---|---|

代 （疑問文で）だれか，
（否定文で）だれも

▶ だれか彼を知っていますか。
Does _____ know him?

©2021 Disney

| 標準 ★★ 接続詞・代名詞など | 763 |
|---|---|

代 みんな

▶ みんなミッキーを知っています。
_____ knows Mickey.

©2021 Disney

| 標準 ★★ 接続詞・代名詞など | 764 |
|---|---|

代 だれも～ない

▶ 部屋にはだれもいませんでした。
_____ was in the room.

©2021 Disney

| 標準 ★★ 接続詞・代名詞など | 765 |
|---|---|

副 どこかに

▶ 世界のどこかに
_____ in the world

©2021 Disney

# would
ウド [wud]

Would you like some tea?

# shall
シェァゥ [ʃæl]

Shall I open the window?

# should
シュド [ʃud]

I think you should see a doctor.

# may
メイ [mei]

May I use your pencil? — Sure.

# must
マスト [mʌst]

I must study hard.

# might
マーイト [mait]

It might rain.

# project
プラーヂェクト [prádʒekt]

a project to build a new gym

# view
ヴュー [vju:]

the view from here

# fact
フェアクト [fækt]

in fact

# example
イグゼァンポゥ [igzǽmpl]

for example

**助**　〜かもしれない

▶ ひょっとしたら雨が降る**かもしれません**。
It _____ rain.

**名**　計画

▶ 新しい体育館を建てる**計画**
a _____ to build a new gym

**名**　眺め

▶ ここからの**眺め**
the _____ from here

**名**　事実

▶ **実は**
in _____

**名**　例

▶ **たとえば**
for _____

**助**　( _____ like 〜で)
〜がほしい

▶ お茶はいかがですか。
_____ you like some tea?

**助**　( _____ I 〜?で)
(私が)〜しましょうか

▶ 窓を開け**ましょうか**。
_____ I open the window?

**助**　〜したほうがよい

▶ あなたは医者に行った**ほうがいい**と思います。
I think you _____ see a doctor.

**助**　〜してもよい,
〜かもしれない

▶ あなたのえんぴつを使って**もいいですか**。— もちろん。
_____ I use your pencil? — Sure.

**助**　〜しなければならない,
〜にちがいない

▶ 私は一生けんめい勉強**しなければなりません**。
I _____ study hard.

©2021 Disney

# reason
リーズン [ríːzn]

I have three **reasons**.

# feeling
フィーリング [fíːliŋ]

understand his **feelings**

---

# meeting
ミーティング [míːtiŋ]

I have a **meeting** on Monday.

# adult
アダゥト [ədʌ́lt]

act like an **adult**

---

# sightseeing
サーイトスィーイング [sáitsiːiŋ]

go **sightseeing**

# kid
キッド [kid]

No **kidding**.

---

# care
ケアァ [keər]

take **care** of his nephews

# speech
スピーチ [spiːtʃ]

make a **speech**

---

# matter
メァタァ [mǽtər]

What's the **matter**?

# news
ニューズ [njuːz]

good **news**

ハイレベル　中2〜入試レベルの名詞❶　786

©2021 Disney

名　感じ，（複数形で）気持ち

▶ 彼の**気持ち**を理解する
understand his _____

---

ハイレベル　中2〜入試レベルの名詞❶　787

©2021 Disney

名　大人

▶ **大人**のようにふるまう
act like an _____

---

ハイレベル　中2〜入試レベルの名詞❶　788

©2021 Disney

名　子ども（childのくだけた言い方）
動　からかう

▶ **からかわ**ないで。／そんなばかな。
No _____.

---

ハイレベル　中2〜入試レベルの名詞❶　789

©2021 Disney

名　スピーチ，演説

▶ **スピーチ**をする
make a _____

---

ハイレベル　中2〜入試レベルの名詞❶　790

©2021 Disney

名　ニュース

▶ いい**知らせ**
good _____

---

ハイレベル　中2〜入試レベルの名詞❶　781

©2021 Disney

名　理由

▶ **理由**が3つあります。
I have three _____.

---

ハイレベル　中2〜入試レベルの名詞❶　782

©2021 Disney

名　会合，会議

▶ 私は月曜日に**会議**があります。
I have a _____ on Monday.

---

ハイレベル　中2〜入試レベルの名詞❶　783

©2021 Disney

名　観光

▶ **観光**に行く
go _____

---

ハイレベル　中2〜入試レベルの名詞❶　784

©2021 Disney

名　注意，世話

▶ 彼のおいの**世話**をする
take _____ of his nephews

---

ハイレベル　中2〜入試レベルの名詞❶　785

©2021 Disney

名　事がら，問題

▶ どうかしたの？
What's the _____?

ハイレベル 中2〜入試レベルの名詞❶ **791**

# website

ウェブサイト [wébsait]

Visit our **website** for more information.

---

ハイレベル 中2〜入試レベルの名詞❶ **796**

# ticket

ティキット [tíkit]

a train **ticket**

---

ハイレベル 中2〜入試レベルの名詞❶ **792**

# message

メスィヂ [mésidʒ]

Can I leave a **message**?

---

ハイレベル 中2〜入試レベルの名詞❶ **797**

# newspaper

ニューズペイパァ [njúːzpeipər]

read the **newspaper**

---

ハイレベル 中2〜入試レベルの名詞❶ **793**

# wish

ウィシュ [wiʃ]

make a **wish**

---

ハイレベル 中2〜入試レベルの名詞❶ **798**

# jacket

ヂェアキット [dʒǽkit]

put on a **jacket**

---

ハイレベル 中2〜入試レベルの名詞❶ **794**

# information

インフォメイション [infərméiʃən]

get **information**

---

ハイレベル 中2〜入試レベルの名詞❶ **799**

# area

エリア [éəriə]

a parking **area**

---

ハイレベル 中2〜入試レベルの名詞❶ **795**

# traffic

トレァフィク [trǽfik]

a **traffic** light

---

ハイレベル 中2〜入試レベルの名詞❶ **800**

# village

ヴィリヂ [vílidʒ]

live in a small **village**

### 796
ハイレベル　中2〜入試レベルの名詞❶

名　切符，チケット

▶ 電車の切符
a train ＿＿＿

### 791
ハイレベル　中2〜入試レベルの名詞❶

名　ウェブサイト

▶ 詳しくはウェブサイトをご覧ください。
Visit our ＿＿＿ for more information.

### 797
ハイレベル　中2〜入試レベルの名詞❶

名　新聞

▶ 新聞を読む
read the ＿＿＿

### 792
ハイレベル　中2〜入試レベルの名詞❶

名　伝言，メッセージ

▶〈電話で〉伝言をお願いできますか。
Can I leave a ＿＿＿?

### 798
ハイレベル　中2〜入試レベルの名詞❶

名　上着，ジャケット

▶ 上着を着る
put on a ＿＿＿

### 793
ハイレベル　中2〜入試レベルの名詞❶

名　願い
動　願う

▶ 願いごとをする
make a ＿＿＿

### 799
ハイレベル　中2〜入試レベルの名詞❶

名　地域

▶ 駐車区域
a parking ＿＿＿

### 794
ハイレベル　中2〜入試レベルの名詞❶

名　情報

▶ 情報を得る
get ＿＿＿

### 800
ハイレベル　中2〜入試レベルの名詞❶

名　村

▶ 小さな村に住む
live in a small ＿＿＿

### 795
ハイレベル　中2〜入試レベルの名詞❶

名　交通

▶ 交通信号
a ＿＿＿ light

# castle
キャスゥ [kǽsl]

a beautiful **castle**

# contest
カーンテスト [kántest]

a chorus **contest**

# plan
プレァン [plǽn]

Do you have any **plans** for tomorrow?

# interview
インタヴュー [íntərvjuː]

a job **interview**

# prize
プラーイズ [praiz]

win first **prize**

# part
パート [paːrt]

**part** of the house

# event
イヴェント [ivént]

a school **event**

# piece
ピース [piːs]

a **piece** of paper

# tour
トゥアァ [tuər]

go on a **tour**

# pair
ペアァ [peər]

a **pair** of shoes

©2021 Disney

## 名 コンテスト

▶ 合唱コンテスト
a chorus _____

©2021 Disney

## 名 城

▶ 美しい城
a beautiful _____

©2021 Disney

## 名 面接，インタビュー

▶ 就職の面接
a job _____

©2021 Disney

## 名 計画

▶ あすは何か計画はありますか。
Do you have any _____ for tomorrow?

©2021 Disney

## 名 部分

▶ その家の一部
_____ of the house

©2021 Disney

## 名 賞

▶ 1等賞をとる
win first _____

©2021 Disney

## 名 （a _____ of ～で）1つの～

▶ 1枚の紙
a _____ of paper

©2021 Disney

## 名 行事

▶ 学校行事
a school _____

©2021 Disney

## 名 （a _____ of ～で）1組の～

▶ 1足のくつ
a _____ of shoes

©2021 Disney

## 名 旅行，観光旅行

▶ 旅行に行く
go on a _____

# mind
マーインド [maind]

make up my **mind**

# report
リポート [ripɔ́ːrt]

the weather **report**

# memory
メモリ [méməri]

happy **memories**

# mistake
ミステイク [mistéik]

Don't be afraid of making **mistakes**.

# voice
ヴォイス [vɔis]

hear her **voice**

# promise
プラーミス [prάmis]

make a **promise**

# opinion
オピニョン [əpínjən]

in my **opinion**

# peace
ピース [piːs]

live in **peace**

# advice
アドヴァーイス [ədváis]

Thank you for your **advice**.

# war
ウォーァ [wɔːr]

World **War** II

## 816
ハイレベル 中2～入試レベルの名詞❶

名 レポート，報告

©2021 Disney

▶ 気象通報，天気予報
the weather ＿＿＿

## 817
ハイレベル 中2～入試レベルの名詞❶

名 誤り

©2021 Disney

▶ まちがえることを恐れないで。
Don't be afraid of making ＿＿＿.

## 818
ハイレベル 中2～入試レベルの名詞❶

名 約束
動 約束する

©2021 Disney

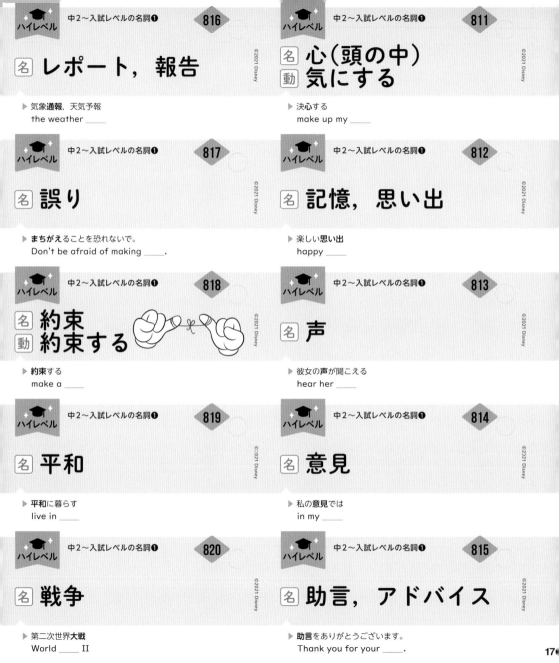

▶ 約束する
make a ＿＿＿

## 819
ハイレベル 中2～入試レベルの名詞❶

名 平和

©2021 Disney

▶ 平和に暮らす
live in ＿＿＿

## 820
ハイレベル 中2～入試レベルの名詞❶

名 戦争

©2021 Disney

▶ 第二次世界大戦
World ＿＿＿ II

## 811
ハイレベル 中2～入試レベルの名詞❶

名 心（頭の中）
動 気にする

©2021 Disney

▶ 決心する
make up my ＿＿＿

## 812
ハイレベル 中2～入試レベルの名詞❶

名 記憶，思い出

©2021 Disney

▶ 楽しい思い出
happy ＿＿＿

## 813
ハイレベル 中2～入試レベルの名詞❶

名 声

©2021 Disney

▶ 彼女の声が聞こえる
hear her ＿＿＿

## 814
ハイレベル 中2～入試レベルの名詞❶

名 意見

©2021 Disney

▶ 私の意見では
in my ＿＿＿

## 815
ハイレベル 中2～入試レベルの名詞❶

名 助言，アドバイス

©2021 Disney

▶ 助言をありがとうございます。
Thank you for your ＿＿＿.

# friendship
フレンドシプ [fréndʃip]

make a **friendship**

# clerk
クラ〜ク [kləːrk]

a bank **clerk**

# gesture

チェスチャァ [dʒéstʃər]

by **gesture**

# worker
ワ〜カァ [wɔ́ːrkər]

an office **worker**

# meaning
ミーニング [míːniŋ]

the **meaning** of this word

# farmer

ファーマァ [fáːrmər]

My uncle is a **farmer**.

# trouble
トラボウ [trʌ́bl]

I'm in **trouble**.

# scientist
サーイエンティスト [sáiəntist]

She's a **scientist**.

# guide
ガーイド [gaid]

a tour **guide**

# engineer
エンヂニアァ [endʒiníər]

an electrical **engineer**

ハイレベル　中2〜入試レベルの名詞❶　826

名 店員

▶ 銀行員
a bank ＿＿＿＿

©2021 Disney

ハイレベル　中2〜入試レベルの名詞❶　821

名 友情

▶ 友情を築く
make a ＿＿＿＿

©2021 Disney

ハイレベル　中2〜入試レベルの名詞❶　827

名 働く人

▶ オフィスで働く人，会社員
an office ＿＿＿＿

©2021 Disney

ハイレベル　中2〜入試レベルの名詞❶　822

名 身ぶり，
ジェスチャー

▶ 身ぶりで
by ＿＿＿＿

©2021 Disney

ハイレベル　中2〜入試レベルの名詞❶　828

名 農場経営者，
農家の人

▶ 私のおじは農場経営者です。
My uncle is a ＿＿＿＿.

©2021 Disney

ハイレベル　中2〜入試レベルの名詞❶　823

名 意味

▶ この単語の意味
the ＿＿＿＿ of this word

©2021 Disney

ハイレベル　中2〜入試レベルの名詞❶　829

名 科学者

▶ 彼女は科学者です。
She's a ＿＿＿＿.

©2021 Disney

ハイレベル　中2〜入試レベルの名詞❶　824

名 困ること

▶ トラブルに巻き込まれました。／困ったなあ。
I'm in ＿＿＿＿.

©2021 Disney

ハイレベル　中2〜入試レベルの名詞❶　830

名 技師

▶ 電気技師
an electrical ＿＿＿＿

©2021 Disney

ハイレベル　中2〜入試レベルの名詞❶　825

名 案内人，ガイド

▶ 観光ガイド
a tour ＿＿＿＿

©2021 Disney

# astronaut
エァストロノート [金stranɔːt]

become an **astronaut**

# driver
ドラーイヴァァ [dráivər]

a bus **driver**

# writer
ライタァ [ráitər]

a famous **writer**

# actor
エァクタァ [金ktər]

a movie **actor**

# singer
スィンガァ [síŋər]

She is a good **singer**.

# vet
ヴェト [vet]

a famous **vet**

# musician
ミューズィシャン [mjuːzíʃən]

a good **musician**

# dentist
デンティスト [déntist]

go to the **dentist**

# artist
アーティスト [áːrtist]

a popular **artist**

# coach
コウチ [koutʃ]

a tennis **coach**

73

©2021 Disney

名 運転手

▶ バスの運転手
a bus _____

©2021 Disney

名 宇宙飛行士

▶ 宇宙飛行士になる
become an _____

©2021 Disney

名 俳優

▶ 映画俳優
a movie _____

©2021 Disney

名 作家

▶ 有名な作家
a famous _____

©2021 Disney

名 獣医

▶ 有名な獣医
a famous _____

©2021 Disney

名 歌手

▶ 彼女は歌が上手[上手な歌手]です。
She is a good _____.

©2021 Disney

名 歯科医

▶ 歯科医に行く
go to the _____

©2021 Disney

名 音楽家

▶ よい音楽家
a good _____

©2021 Disney

名 （競技の）コーチ

▶ テニスのコーチ
a tennis _____

©2021 Disney

名 芸術家

▶ 人気のある芸術家
a popular _____

# leader
リーダァ [líːdər]

a young **leader**

# support
サポート [səpɔ́ːrt]

We're **supported** by many people.

# introduce
イントロデュース [ìntrədjúːs]

**introduce** a friend to my parents

# burn
バ〜ン [bəːrn]

He **burned** his old letters.

# invent
インヴェント [invént]

**invent** a new product

# reach
リーチ [riːtʃ]

We **reached** the town at noon.

# raise
レイズ [reiz]

**Raise** your hand.

# enter
エンタァ [éntər]

**enter** the house

# wake
ウェイク [weik]

Wake up, Donald.

# cross
クロース [krɔːs]

**cross** the street

動 支える

▶ 私たちはたくさんの人々に**支えられています**。
We're ＿＿＿ by many people.

©2021 Disney

名 指導者，リーダー

▶ 若い**指導者**
a young ＿＿＿

©2021 Disney

動 燃える，燃やす

▶ 彼は古い手紙を**燃やしました**。
He ＿＿＿ his old letters.

©2021 Disney

動 紹介する

▶ 友達を自分の両親に**紹介する**
＿＿＿ a friend to my parents

©2021 Disney

動 着く，届く，手を伸ばす

▶ 私たちは正午にその町に**着きました**。
We ＿＿＿ the town at noon.

©2021 Disney

動 発明する

▶ 新しい製品を**発明する**
＿＿＿ a new product

©2021 Disney

動 入る

▶ その家に**入る**
＿＿＿ the house

©2021 Disney

動 上げる

▶ 手を**あげて**。
＿＿＿ your hand.

©2021 Disney

動 横切る

▶ 通りを**横切る**
＿＿＿ the street

©2021 Disney

動 （＿＿＿ upで）目を覚ます

▶ ドナルド，**起きなさい**。
＿＿＿ up, Donald.

©2021 Disney

# collect

コレクト [kəlékt]

collect cans for recycling

# wonder

ワンダァ [wʌ́ndər]

I **wonder** who will come to the party.

# gather

ギャザァ [gǽðər]

A lot of people **gathered** around him.

# disagree

ディサグリー [disəgríː]

**disagree** with each other

# communicate

コミューニケイト [kəmjúːnəkeit]

**communicate** with him

# exchange

イクスチェインヂ [ikstʃéindʒ]

**exchange** e-mails

# notice

ノウティス [nóutis]

I didn't **notice** my mistake.

# pay

ペイ [pei]

**pay** a lot of money

# imagine

イメァヂン [imǽdʒin]

I can't **imagine** life without TV.

# express

イクスプレス [iksprés]

**express** my feelings

### 856 ハイレベル 中2〜入試レベルの動詞

動 **不思議に思う**

▶ だれがパーティーに来るんだろうか。
I _____ who will come to the party.

---

### 851 ハイレベル 中2〜入試レベルの動詞

動 **集める**

▶ リサイクルのために缶を**集める**
_____ cans for recycling

---

### 857 ハイレベル 中2〜入試レベルの動詞

動 **意見が合わない**

▶ お互いに意見が合わない
_____ with each other

---

### 852 ハイレベル 中2〜入試レベルの動詞

動 **集める，集まる**

▶ たくさんの人々が彼のまわりに**集まりました**。
A lot of people _____ around him.

---

### 858 ハイレベル 中2〜入試レベルの動詞

動 **交換する**
名 **交換**

▶ メールを**やり取りする**
_____ e-mails

---

### 853 ハイレベル 中2〜入試レベルの動詞

動 **通信する，
意思を伝え合う**

▶ 彼と意思を伝え合う
_____ with him

---

### 859 ハイレベル 中2〜入試レベルの動詞

動 **支払う**

▶ たくさんのお金を**払う**
_____ a lot of money

---

### 854 ハイレベル 中2〜入試レベルの動詞

動 **気づく**
名 **張り紙，通知**

▶ 私は自分のまちがいに**気づき**ませんでした。
I didn't _____ my mistake.

---

### 860 ハイレベル 中2〜入試レベルの動詞

動 **表現する**
名 形 **速達(の)，急行(の)**

▶ 自分の感情を**表現する**
_____ my feelings

---

### 855 ハイレベル 中2〜入試レベルの動詞

動 **想像する**

▶ 私はテレビのない生活なんて**想像**できません。
I can't _____ life without TV.

# lie
ラーイ [lai]

I want to **lie** down.

# produce
プロデュース [prədjúːs]

**produce** energy

# protect
プロテクト [prətékt]

**protect** the environment

# cover
カヴァァ [kʌ́vər]

The car was **covered** with snow.

# drop
ドラープ [drɑp]

Excuse me. You **dropped** something.

# reduce
リデュース [ridjúːs]

**reduce** waste

# respect
リスペクト [rispékt]

**respect** each other

# recycle
リーサイコゥ [riːsáikl]

**recycle** paper

# order
オーダァ [ɔ́ːrdər]

May I take your **order**?

# discover
ディスカヴァァ [diskʌ́vər]

This island was **discovered** in 1930.

動　生産する

▶ エネルギーを**生産する**
＿＿＿＿ energy

動　横になる，うそをつく
名　うそ

▶ 私は横になりたい。
I want to ＿＿＿＿ down.

動　おおう

▶ 車は雪で**おおわれて**いました。
The car was ＿＿＿＿ with snow.

動　保護する

▶ 環境を**保護する**
＿＿＿＿ the environment

動　減らす

▶ むだ[ごみ]を**減らす**
＿＿＿＿ waste

動　落とす

▶ すみません。何か**落とし**ましたよ。
Excuse me. You ＿＿＿＿ something.

動　リサイクルする

▶ 紙を**リサイクルする**
＿＿＿＿ paper

動　尊敬する

▶ おたがいを**尊敬する**
＿＿＿＿ each other

動　発見する

▶ この島は1930年に**発見され**ました。
This island was ＿＿＿＿ in 1930.

動　注文する
名　注文

▶ ご**注文**をうかがってもよろしいですか。
May I take your ＿＿＿＿?

©2021 Disney

# continue
コンティニュー [kəntínjuː]

continue running

# develop
ディヴェロプ [divéləp]

We should **develop** our own culture.

# waste
ウェイスト [weist]

Don't **waste** your time.

# encourage
エンカ～レヂ [inkə́ːridʒ]

Our words will **encourage** him.

# solve
サーゥヴ [sɑlv]

solve a problem

# fight
ファーイト [fait]

**fight** for human rights

# ring
リング [riŋ]

The phone is **ringing**, Mom.

# improve
インプルーヴ [imprúːv]

I want to **improve** my English.

# shake
シェイク [ʃeik]

shake hands

# perform
パフォーム [pərfɔ́ːrm]

**perform** a play at the school festival

### 876 ハイレベル 中2〜入試レベルの動詞

動 発展させる

▶ 私たち自身の文化を**発展させる**べきです。
We should _____ our own culture.

### 877 ハイレベル 中2〜入試レベルの動詞

動 はげます

▶ 私たちのことばが彼を**はげます**だろう。
Our words will _____ him.

### 878 ハイレベル 中2〜入試レベルの動詞

動 戦う
名 戦い

▶ 人権のために**戦う**
_____ for human rights

### 879 ハイレベル 中2〜入試レベルの動詞

動 改良する

▶ 私は英語を**上達させ**たい。
I want to _____ my English.

### 880 ハイレベル 中2〜入試レベルの動詞

動 演じる，演奏する

▶ 文化祭で劇を**演じる**
_____ a play at the school festival

### 871 ハイレベル 中2〜入試レベルの動詞

動 続ける

▶ 走り**続ける**
_____ running

### 872 ハイレベル 中2〜入試レベルの動詞

動 むだに使う
名 むだ，廃棄物

▶ 時間を**むだに**するな。
Don't _____ your time.

### 873 ハイレベル 中2〜入試レベルの動詞

動 解く

▶ 問題を**解く**
_____ a problem

### 874 ハイレベル 中2〜入試レベルの動詞

動 鳴る
名 指輪，輪

▶ 電話が**鳴って**いるよ，お母さん。
The phone is _____, Mom.

### 875 ハイレベル 中2〜入試レベルの動詞

動 振る

▶ 握手する
_____ hands

# prepare
プリペアァ [pripéər]

You must **prepare** for the dinner.

# easily
イーズィリ [íːzəli]

Don't give up **easily**.

# rest
レスト [rest]

Shall we **rest** for a while?

# carefully
ケアフリ [kéərfli]

listen **carefully**

# set
セット [set]

**set** the date for the next meeting

# suddenly
サドンリ [sʌ́dnli]

**Suddenly** it started raining.

# quickly
クウィクリ [kwíkli]

move **quickly**

# finally
ファーイナリ [fáinəli]

I **finally** decided to go.

# slowly
スロウリ [slóuli]

speak more **slowly**

# actually
エァクチュアリ [ǽktʃuəli]

**Actually**, I'm not interested at all.

| | | | |
|---|---|---|---|

**ハイレベル** 中2〜入試レベルの形容詞・副詞 **886** ©2021 Disney

副 **簡単に**

▶ **簡単に**あきらめないで。
Don't give up _____.

**ハイレベル** 中2〜入試レベルの動詞 **881** ©2021 Disney

動 **準備する**

▶ あなたは夕食の**準備を**しなければなりません。
You must _____ for the dinner.

**ハイレベル** 中2〜入試レベルの形容詞・副詞 **887** ©2021 Disney

副 **注意深く**

▶ **注意深く**聞く
listen _____

**ハイレベル** 中2〜入試レベルの動詞 **882** ©2021 Disney

動 **休む**
名 **休み**

▶ 少しの間**休み**ましょうか。
Shall we _____ for a while?

**ハイレベル** 中2〜入試レベルの形容詞・副詞 **888** ©2021 Disney

副 **突然**

▶ **突然**雨が降りだしました。
_____ it started raining.

**ハイレベル** 中2〜入試レベルの動詞 **883** ©2021 Disney

動 **置く，決める**
名 **セット，ひと組**

▶ 次の会議の日を**決める**
_____ the date for the next meeting

**ハイレベル** 中2〜入試レベルの形容詞・副詞 **889** ©2021 Disney

副 **最後に，ついに**

▶ 私は**ついに**行くことに決めました。
I _____ decided to go.

**ハイレベル** 中2〜入試レベルの形容詞・副詞 **884** ©2021 Disney

副 **すばやく**

▶ **すばやく**動く
move _____

**ハイレベル** 中2〜入試レベルの形容詞・副詞 **890** ©2021 Disney

副 **実は**

▶ **実は**，私は全然興味がありません。
_____, I'm not interested at all.

**ハイレベル** 中2〜入試レベルの形容詞・副詞 **885** ©2021 Disney

副 **ゆっくりと**

▶ もっと**ゆっくり**話す
speak more _____

### ハイレベル 中2～入試レベルの形容詞・副詞 891

# especially
イスペシャリ [ispéʃəli]

Minnie likes flowers, **especially** roses.

### ハイレベル 中2～入試レベルの形容詞・副詞 896

# twice
トワーイス [twais]

I've been there **twice**.

### ハイレベル 中2～入試レベルの形容詞・副詞 892

# probably
プラーバブリ [prɑ́bəbli]

You're **probably** right.

### ハイレベル 中2～入試レベルの形容詞・副詞 897

# never
ネヴァァ [névər]

I've **never** been to Hokkaido.

### ハイレベル 中2～入試レベルの形容詞・副詞 893

# maybe
メイビ [méibi]

**Maybe** it'll rain tomorrow.

### ハイレベル 中2～入試レベルの形容詞・副詞 898

# ever
エヴァァ [évər]

Have you **ever** been to Osaka?

### ハイレベル 中2～入試レベルの形容詞・副詞 894

# anyway
エニウェイ [éniwei]

Thank you **anyway**.

### ハイレベル 中2～入試レベルの形容詞・副詞 899

# forever
フォレヴァァ [fərévər]

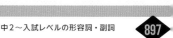

I'll love you **forever**.

### ハイレベル 中2～入試レベルの形容詞・副詞 895

# once
ワンス [wʌns]

I have piano lessons **once** a week.

### ハイレベル 中2～入試レベルの形容詞・副詞 900

# someday
サムデイ [sʌ́mdei]

I want to go to Italy **someday**.

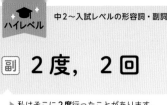

**副 2度，2回**

▶ 私はそこに**2度**行ったことがあります。
　I've been there _____.

©2021 Disney

**副 特に**

▶ ミニーは花，**特に**バラが好きです。
　Minnie likes flowers, _____ roses.

©2021 Disney

---

**副 決して～ない**

▶ 私は**1度も**北海道へ行ったことが**ありません**。
　I've _____ been to Hokkaido.

©2021 Disney

**副 たぶん**

▶ あなたは**たぶん**正しい。
　You're _____ right.

©2021 Disney

---

**副 今までに**

▶ **今までに**大阪へ行ったことがありますか。
　Have you _____ been to Osaka?

©2021 Disney

**副 もしかしたら（～かもしれない）**

▶ **もしかしたら**あすは雨が降る**かもしれません**。
　_____ it'll rain tomorrow.

©2021 Disney

---

**副 永遠に**

▶ **ずっと**あなたを愛します。
　I'll love you _____.

©2021 Disney

**副 とにかく，いずれにしても**

▶ **いずれにしても**ありがとう。
　Thank you _____.

©2021 Disney

---

**副 （未来の）いつか**

▶ 私は**いつか**イタリアに行きたい。
　I want to go to Italy _____.

©2021 Disney

**副 1回**

▶ 週に**1回**ピアノのレッスンがあります。
　I have piano lessons _____ a week.

©2021 Disney

# éven
イーヴン [íːvən]

We work **even** on Sundays.

# élse
エゥス [els]

Anything **else**?

# still
スティゥ [stil]

It's **still** raining.

# alréady
オーゥレディ [ɔːlrédi]

I've **already** had dinner.

# yét
イェト [jet]

Have you finished **yet**? — No, not **yet**.

# fár
ファーァ [faːr]

How **far** is it from here to the station?

# awáy
アウェイ [əwéi]

go **away**

# abróad
アブロード [əbrɔ́ːd]

travel **abroad**

# fórward
フォーワド [fɔ́ːrwərd]

I'm looking **forward** to seeing you.

# térrible
テリボゥ [térəbl]

This movie was **terrible**.

| 副 | 遠くに | 906 |
中2～入試レベルの形容詞・副詞
©2021 Disney

▶ ここから駅まではどのくらい**離れて**いますか。
How _____ is it from here to the station?

副 **離れて** 907
中2～入試レベルの形容詞・副詞
©2021 Disney

▶ 立ち去る
go _____

副 **外国に** 908
中2～入試レベルの形容詞・副詞
©2021 Disney

▶ **外国**旅行をする
travel _____

副 **前方へ** 909
中2～入試レベルの形容詞・副詞
©2021 Disney

▶ 私はあなたに会うのを楽しみにしています。
I'm looking _____ to seeing you.

形 **ひどい** 910
中2～入試レベルの形容詞・副詞
©2021 Disney

▶ この映画は**ひどか**ったです。
This movie was _____.

副 **〜でさえ** 901
中2～入試レベルの形容詞・副詞
©2021 Disney

▶ 私たちは日曜日で**も**働きます。
We work _____ on Sundays.

副 **そのほかに** 902
中2～入試レベルの形容詞・副詞
©2021 Disney

▶ **ほかに**何か(ありますか)。
Anything _____?

副 **まだ** 903
中2～入試レベルの形容詞・副詞
©2021 Disney

▶ **まだ**雨が降っています。
It's _____ raining.

副 **すでに，もう** 904
中2～入試レベルの形容詞・副詞
©2021 Disney

▶ 私は**もう**夕食を食べました。
I've _____ had dinner.

副 (現在完了形の否定文で)**まだ**
(現在完了形の疑問文で)**もう** 905
中2～入試レベルの形容詞・副詞
©2021 Disney

▶ **もう**終えましたか。— いいえ，**まだ**です。
Have you finished _____? — No, not _____.

# real
リーアゥ [ríːəl]

No one knows his **real** name.

# impressed
インプレスト [imprést]

Daisy was **impressed** by that story.

# true
トルー [truː]

Finally my dream came **true**.

# delicious
ディリシャス [dilíʃəs]

The cake looks **delicious**.

# interested
インタリスティド [íntəristid]

I'm **interested** in detective stories.

# fresh
フレッシュ [freʃ]

**fresh** vegetables

# surprised
サプラーイズド [sərpráizd]

I was really **surprised** to see that.

# able
エイボゥ [éibl]

You'll be **able** to swim soon.

# excited
イクサーイティド [iksáitid]

I was **excited** to see the game.

# plastic
プレァスティク [plǽstik]

a **plastic** bag

形 感銘を受けた

▶ デイジーはその話に**感銘を受け**ました。
Daisy was _____ by that story.

形 本当の，本物の

▶ だれも彼の**本当の**名前を知りません。
No one knows his _____ name.

形 とてもおいしい

▶ そのケーキは**とてもおいし**そうです。
The cake looks _____.

形 本当の，真実の

▶ ついに私の夢がかないました。
Finally my dream came _____.

形 新鮮な

▶ **新鮮な**野菜
_____ vegetables

形 興味がある

▶ 私は推理小説に**興味があ**ります。
I'm _____ in detective stories.

形 できる，（be _____ to 〜で）
〜することができる

▶ あなたはすぐに泳**げる**ようになるでしょう。
You'll be _____ to swim soon.

形 驚いた

▶ 私はそれを見て本当に**驚き**ました。
I was really _____ to see that.

形 プラスチックの

▶ ビニール袋
a _____ bag

形 興奮した

▶ 私はその試合を見て**わくわく**しました。
I was _____ to see the game.

# solar
ソウラァ [sóulər]

solar energy

# colorful
カラフォゥ [kʌ́lərfəl]

a colorful dress

# injured
インヂャド [índʒərd]

He got injured in the war.

# loud
ラウド [laud]

in a loud voice

# whole
ホウゥ [houl]

the whole world

# impossible
インパースィボゥ [impásəbl]

That's impossible!

# necessary
ネセセリ [nésəseri]

Smartphones are necessary in our lives.

# professional
プロフェショナゥ [prəféʃənəl]

a professional baseball player

# round
ラウンド [raund]

The earth is round.

# instead
インステド [instéd]

I'll go by bus instead of walking.

ハイレベル 中2〜入試レベルの形容詞・副詞 926

©2021 Disney

形 色彩豊かな，
カラフルな

▶ カラフルなドレス
a _____ dress

---

ハイレベル 中2〜入試レベルの形容詞・副詞 921

©2021 Disney

形 太陽の

▶ 太陽エネルギー
_____ energy

---

ハイレベル 中2〜入試レベルの形容詞・副詞 927

©2021 Disney

形 （声などが）大きい

▶ 大声で
in a _____ voice

---

ハイレベル 中2〜入試レベルの形容詞・副詞 922

©2021 Disney

形 けがをした

▶ 彼は戦争で負傷しました。
He got _____ in the war.

---

ハイレベル 中2〜入試レベルの形容詞・副詞 928

©2021 Disney

形 不可能な

▶ それは無理ですよ！
That's _____!

---

ハイレベル 中2〜入試レベルの形容詞・副詞 923

©2021 Disney

形 全体の

▶ 全世界
the _____ world

---

ハイレベル 中2〜入試レベルの形容詞・副詞 929

©2021 Disney

形 プロの，専門的な

▶ プロ野球選手
a _____ baseball player

---

ハイレベル 中2〜入試レベルの形容詞・副詞 924

©2021 Disney

形 必要な

▶ スマートフォンは私たちの生活に不可欠です。
Smartphones are _____ in our lives.

---

ハイレベル 中2〜入試レベルの形容詞・副詞 930

©2021 Disney

副 そのかわりに

▶ 歩くかわりにバスで行きます。
I'll go by bus _____ of walking.

---

ハイレベル 中2〜入試レベルの形容詞・副詞 925

©2021 Disney

形 丸い

▶ 地球は丸いです。
The earth is _____.

# sécret
スィークリト [síːkrit]

keep a **secret**

# céntury
センチュリ [séntʃəri]

the twenty-first **century**

# dánger
ディンヂャァ [déindʒər]

He is in **danger**.

# médicine
メドスン [médsən]

take **medicine**

# méat
ミート [míːt]

He loves **meat**.

# environment
インヴァーイランメント [inváirənmənt]

protect the **environment**

# tonight
トゥナーイト [tənáit]

I'll call you **tonight**.

# pollútion
ポルーション [pəlúːʃən]

environmental **pollution**

# móment
モウメント [móumənt]

Wait a **moment**.

# gárbage
ガービヂ [gáːrbidʒ]

take out the **garbage**

| | |
|---|---|
| **ハイレベル** 中2～入試レベルの名詞❷ **936** | **ハイレベル** 中2～入試レベルの名詞❷ **931** |

名 世紀

▶ 21世紀
the twenty-first _____

名 秘密
形 秘密の

▶ 秘密を守る
keep a _____

| | |
|---|---|
| **ハイレベル** 中2～入試レベルの名詞❷ **937** | **ハイレベル** 中2～入試レベルの名詞❷ **932** |

名 薬

▶ 薬を飲む
take _____

名 危険

▶ 彼は危険な状態です。
He is in _____.

| | |
|---|---|
| **ハイレベル** 中2～入試レベルの名詞❷ **938** | **ハイレベル** 中2～入試レベルの名詞❷ **933** |

名 環境

▶ 環境を守る
protect the _____

名 肉

▶ 彼は肉が大好きです。
He loves _____.

| | |
|---|---|
| **ハイレベル** 中2～入試レベルの名詞❷ **939** | **ハイレベル** 中2～入試レベルの名詞❷ **934** |

名 汚染

▶ 環境汚染
environmental _____

名 副 今夜

▶ 今夜, あなたに電話します。
I'll call you _____.

| | |
|---|---|
| **ハイレベル** 中2～入試レベルの名詞❷ **940** | **ハイレベル** 中2～入試レベルの名詞❷ **935** |

名 生ごみ

▶ 生ごみを出す
take out the _____

名 瞬間, ちょっとの間

▶ ちょっと待ってください。
Wait a _____.

# bottle
バートォ [bátl]

cans and **bottles**

# gas
ギャス [gǽs]

greenhouse **gas**

# global warming
グロウバゥウォーミング [glòubəl wɔ́ːrmiŋ]

stop **global warming**

# cherry
チェリ [tʃéri]

**cherry** blossoms

# grass
グレァス [grǽs]

Cows eat **grass**.

# health
ヘゥス [helθ]

Swimming is good for your **health**.

# rainbow
レインボウ [réinbou]

There is a **rainbow** in the sky.

# earthquake
ア〜スクウエイク [ɔ́ːrθkweik]

There was an **earthquake** last night.

# ground
グラーウンド [graund]

on the **ground**

# horse
ホース [hɔːrs]

ride a **horse**

名 健康

©2021 Disney

▶ 水泳は健康によい。
Swimming is good for your _____.

名 虹

©2021 Disney

▶ 空に虹が出ています。
There is a _____ in the sky.

名 地震

©2021 Disney

▶ 昨夜, 地震がありました。
There was an _____ last night.

名 地面

©2021 Disney

▶ 地面の上に
on the _____

名 馬

©2021 Disney

▶ 馬に乗る
ride a _____

名 びん

©2021 Disney

▶ 缶とびん
cans and _____

名 気体,
ガソリン(gasoline)

©2021 Disney

▶ 温室効果ガス
greenhouse _____

名 地球温暖化

©2021 Disney

▶ 地球温暖化を止める
stop _____ _____

名 サクランボ, 桜

©2021 Disney

▶ 桜の花
_____ blossoms

名 草

©2021 Disney

▶ 牛は草を食べます。
Cows eat _____.

# cow
カウ [kau]

Cows make milk.

# electricity
イレクトリスィティ [ilektrísəti]

an **electricity** company

# crane
クレイン [krein]

a paper **crane**

# technology
テクナーロヂ [teknálədʒi]

information **technology**

# society
ソサーイエティ [səsáiəti]

high **society**

# wheelchair
ウィーゥチェアァ [hwíːltʃeər]

a man in a **wheelchair**

# communication
コミューニケイション [kəmjuːnəkéiʃən]

have **communication** with him

# treasure
トレジャァ [tréʒər]

a national **treasure**

# machine
マシーン [məʃíːn]

a game **machine**

# experience
イクスピリエンス [ikspíəriəns]

learn a lot from the **experience**

名 電気

©2021 Disney

▶ 電気会社
an _____ company

名 牛

©2021 Disney

▶ 牛は牛乳をつくる。
_____ make milk.

名 科学技術

©2021 Disney

▶ 情報技術, IT
information _____

名 ツル

©2021 Disney

▶ 折り鶴
a paper _____

名 車いす

©2021 Disney

▶ 車いすの男の人
a man in a _____

名 社会

©2021 Disney

▶ 上流社会
high _____

名 宝物

©2021 Disney

▶ 国宝
a national _____

名 コミュニケーション

©2021 Disney

▶ 彼とコミュニケーションをとる
have _____ with him

名 経験
動 経験する

©2021 Disney

▶ その経験からたくさんのことを学ぶ
learn a lot from the _____

名 機械

©2021 Disney

▶ ゲーム機
a game _____

# discussion
ディスカション [diskʌ́ʃən]

have a class **discussion**

# character
キャラクタァ [kǽrəktər]

play the main **character**

# pleasure
プレジャァ [pléʒər]

It's my **pleasure.**

# performance
パフォーマンス [pərfɔ́ːrməns]

a **performance** by my favorite musician

# stage
ステイヂ [steidʒ]

on the **stage**

# result
リザゥト [rizʌ́lt]

I'm looking forward to my exam **results.**

# blog
ブラーグ [blɑg]

I'm reading her **blog** now.

# tourist
トゥァリスト [túərist]

the number of **tourists** visiting Japan

# bomb
バーム [bam]

an atomic **bomb**

# neighbor
ネイバァ [néibər]

That girl is my **neighbor.**

名 **登場人物，性格**

▶ 主人公を演じる
play the main ____

名 **議論**

▶ クラスで議論する
have a class ____

名 **演奏，公演**

▶ 私の大好きなミュージシャンによる演奏
a ____ by my favorite musician

名 **楽しみ，喜び**

▶ どういたしまして。
It's my ____.

名 **結果**

▶ 私は試験の結果が楽しみです。
I'm looking forward to my exam ____.

名 **舞台**

▶ 舞台の上で
on the ____

名 **観光客**

▶ 日本を訪れる観光客の数
the number of ____ visiting Japan

名 **ブログ**

▶ 私は今，彼女のブログを読んでいます。
I'm reading her ____ now.

名 **近所の人，隣人**

▶ あの女の子は私の近所の人です。
That girl is my ____.

名 **爆弾**

▶ 原子爆弾
an atomic ____

©2021 Disney

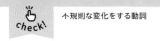 不規則な変化をする動詞 **971**

# write （書く）

▶ This e-mail was ＿＿＿ by her.
このメールは彼女によって**書かれ**ました。

 不規則な変化をする動詞 **976**

# give （与える）

▶ My father ＿＿＿ me this book.
父は私にこの本を**くれ**ました。

---

 不規則な変化をする動詞 **972**

# speak （話す）

▶ English is ＿＿＿ in many countries.
英語は多くの国で**話されて**います。

不規則な変化をする動詞 **977**

# eat （食べる）

▶ We ＿＿＿ lunch an hour ago.
私たちは1時間前に昼食を**食べ**ました。

---

 不規則な変化をする動詞 **973**

# take （取る、持っていく）

▶ This picture was ＿＿＿ in Hawaii.
この写真はハワイで**撮られ**ました。

不規則な変化をする動詞 **978**

# break （こわす）

▶ My camera was ＿＿＿.
私のカメラが**こわれて**いました。

---

不規則な変化をする動詞 **974**

# know （知っている）

▶ I have ＿＿＿ him for three years.
私は彼と**知り合って**3年になります。

 不規則な変化をする動詞 **979**

# do （する）

▶ I've already ＿＿＿ my homework.
私はすでに宿題を**しま**した。

---

不規則な変化をする動詞 **975**

# get （手に入れる）

▶ I ＿＿＿ up at six.
私は6時に**起き**ました。

 不規則な変化をする動詞 **980**

# go （行く）

▶ Tom ＿＿＿ to Kyoto last month.
トムは先月京都に**行き**ました。

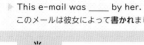

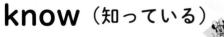
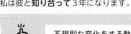

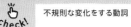

**check!** 不規則な変化をする動詞　976

# give – gave – given

▷ My father gave me this book.
父は私にこの本を**くれました**。

**check!** 不規則な変化をする動詞　977

# eat – ate – eaten

▷ We ate lunch an hour ago.
私たちは1時間前に昼食を**食べました**。

**check!** 不規則な変化をする動詞　978

# break – broke – broken

▷ My camera was broken.
私のカメラが**こわれて**いました。

**check!** 不規則な変化をする動詞　979

# do – did – <u>done</u>
[ダン] と読むよ。

▷ I've already done my homework.
私はすでに宿題を**しました**。

**check!** 不規則な変化をする動詞　980

# go – went – gone

▷ Tom went to Kyoto last month.
トムは先月京都に**行きました**。

**check!** 不規則な変化をする動詞　971

# write – wrote – wri<u>tt</u>en
tを2つ重ねるよ。

▷ This e-mail was written by her.
このメールは彼女によって**書かれました**。

**check!** 不規則な変化をする動詞　972

# speak – spoke – spoken

▷ English is spoken in many countries.
英語は多くの国で**話されて**います。

**check!** 不規則な変化をする動詞　973

# take – took – taken

▷ This picture was taken in Hawaii.
この写真はハワイで**撮られました**。

**check!** 不規則な変化をする動詞　974

# know – <u>k</u>new – <u>k</u>nown
kは発音しないよ。

▷ I have known him for three years.
私は彼と**知り合って**3年になります。

**check!** 不規則な変化をする動詞　975

# get – got – gotten/got

▷ I got up at six.
私は6時に**起きました**。

202

# be （～です）

> She has _____ busy since yesterday.
> 彼女はきのうからずっと忙しい**です**。

# swim （泳ぐ）

> He _____ in the sea for an hour.
> 彼は海で1時間**泳ぎました**。

# see （見る）

> Have you ever _____ a panda?
> あなたは今までにパンダを**見た**ことがありますか。

# build （建てる）

> Our school was _____ forty years ago.
> 私たちの学校は40年前に**建てられ**ました。

# sing （歌う）

> This song was _____ by elderly people.
> この歌は年配の人たちに**歌われ**ていました。

# leave （去る，出発する）

> He _____ Japan for Canada.
> 彼はカナダに向けて日本を**出発しました**。

# begin （始まる）

> The soccer game has just _____.
> そのサッカーの試合はちょうど**始まった**ところです。

# send （送る）

> Many doctors were _____ to that country.
> たくさんの医師がその国に**送られ**ました。

# drink （飲む）

> Minnie _____ a cup of tea.
> ミニーは紅茶を1杯**飲みました**。

# lose （失う）

> I have _____ the money he gave me.
> 私は彼がくれたお金を**なくして**しまいました。

**986**

# swim – swam – swum

▶ He swam in the sea for an hour.
彼は海で1時間**泳ぎました**。

©2021 Disney

---

**987**

# build – built – built

▶ Our school was built forty years ago.
私たちの学校は40年前に**建て**られました。

©2021 Disney

---

**988**

# leave – left – left

▶ He left Japan for Canada.
彼はカナダに向けて日本を**出発しました**。

©2021 Disney

---

**989**

# send – sent – sent

▶ Many doctors were sent to that country.
たくさんの医師がその国に**送られ**ました。

©2021 Disney

---

**990**

# lose – lost – lost

▶ I have lost the money he gave me.
私は彼がくれたお金を**なくして**しまいました。

©2021 Disney

---

**981**

# be – was/were – been

▶ She has been busy since yesterday.
彼女はきのうからずっと忙しい**です**。

©2021 Disney

---

**982**

# see – saw – seen

▶ Have you ever seen a panda?
あなたは今までにパンダを**見た**ことがありますか。

©2021 Disney

---

**983**

# sing – sang – sung

▶ This song was sung by elderly people.
この歌は年配の人たちに**歌われて**いました。

©2021 Disney

---

**984**

# begin – began – begun

▶ The soccer game has just begun.
そのサッカーの試合はちょうど**始まった**ところです。

©2021 Disney

---

**985**

# drink – drank – drunk

▶ Minnie drank a cup of tea.
ミニーは紅茶を1杯**飲みました**。

©2021 Disney

不規則な変化をする動詞 **991**

# make （作る）

> a car _____ in Japan
> 日本製の車

不規則な変化をする動詞 **996**

# say （言う）

> She smiled and _____ to me, "Thank you."
> 彼女はほほえんで「ありがとう」と私に**言いました**。

---

不規則な変化をする動詞 **992**

# have （持っている）

> They _____ a good time at the party.
> 彼らはパーティーで楽しい時を**過ごしました**。

不規則な変化をする動詞 **997**

# stand （立つ）

> He _____ up and gave his seat to the old woman.
> 彼は**立ち**上がって，年配の女性に席をゆずりました。

---

不規則な変化をする動詞 **993**

# find （見つける）

> I _____ a nice sweater at the store.
> 私はその店ですてきなセーターを**見つけました**。

不規則な変化をする動詞 **998**

# think （思う）

> He _____ he had to study harder.
> 彼はもっと熱心に勉強しなければならないと**思いました**。

---

不規則な変化をする動詞 **994**

# hear （聞こえる）

> Have you ever _____ the name?
> あなたは今までにその名前を**聞いた**ことがありますか。

不規則な変化をする動詞 **999**

# buy （買う）

> I _____ a book about animals.
> 私は動物についての本を**買いました**。

---

不規則な変化をする動詞 **995**

# tell （伝える，話す）

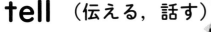

> He _____ us an interesting story.
> 彼は私たちにおもしろい話を**してくれました**。

不規則な変化をする動詞 **1000**

# bring （持ってくる）

> When were tomatoes _____ to Japan?
> トマトはいつ日本に**持ってこられました**か。

**check!** 不規則な変化をする動詞　996

# say – <u>said</u> – said
└[セッド] と読むよ。┘

▷ She smiled and said to me, "Thank you."
彼女はほほえんで「ありがとう」と私に**言いました**。

**check!** 不規則な変化をする動詞　997

# stand – stood – stood

▷ He stood up and gave his seat to the old woman.
彼は**立ち**上がって，年配の女性に席をゆずりました。

**check!** 不規則な変化をする動詞　998

# think – thought – thought

▷ He thought he had to study harder.
彼はもっと熱心に勉強しなければならないと**思いました**。

**check!** 不規則な変化をする動詞　999

# buy – bought – bought

▷ I bought a book about animals.
私は動物についての本を**買いました**。

**check!** 不規則な変化をする動詞　1000

# bring – brought – brought

▷ When were tomatoes brought to Japan?
トマトはいつ日本に**持って**こられましたか。

**check!** 不規則な変化をする動詞　991

# make – made – made

▷ a car made in Japan
日本**製の**車

**check!** 不規則な変化をする動詞　992

# have – had – had

▷ They had a good time at the party.
彼らはパーティーで楽しい時を**過ごしました**。

**check!** 不規則な変化をする動詞　993

# find – found – found

▷ I found a nice sweater at the store.
私はその店ですてきなセーターを**見つけました**。

**check!** 不規則な変化をする動詞　994

# hear – heard – heard

▷ Have you ever heard the name?
あなたは今までにその名前を**聞いた**ことがありますか。

**check!** 不規則な変化をする動詞　995

# tell – told – told

▷ He told us an interesting story.
彼は私たちにおもしろい話を**してくれました**。

check! 不規則な変化をする動詞 **1001**

# teach （教える）

▶ My mother _____ me how to cook curry.
母は私にカレーの作り方を**教えてくれました**。

 check! 不規則な変化をする動詞 **1006**

# meet （会う）

▶ I _____ Tom at the station.
私は駅でトムに**会いました**。

---

check! 不規則な変化をする動詞 **1002**

# catch （つかまえる）

▶ My father went fishing and _____ a big fish.
父はつりに行って，大きな魚を**つかまえました**。

check! 不規則な変化をする動詞 **1007**

# come （来る）

▶ My father _____ home at six.
父は6時に家に**帰りました**。

---

check! 不規則な変化をする動詞 **1003**

# sit （すわる）

▶ The boy _____ down next to his mother.
少年は母親のとなりに**すわりました**。

check! 不規則な変化をする動詞 **1008**

# run （走る）

▶ They _____ in this park this morning.
彼らはけさ，この公園を**走りました**。

---

check! 不規則な変化をする動詞 **1004**

# understand （理解する）

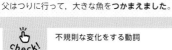

▶ I _____ why he said so.
私はなぜ彼がそう言ったのかを**理解しました**。

check! 不規則な変化をする動詞 **1009**

# wear （身につけている）

▶ She _____ glasses yesterday.
彼女はきのう，めがねを**かけていました**。

---

check! 不規則な変化をする動詞 **1005**

# hold （手に持つ，
開催する）

▶ The festival will be _____ in October.
そのお祭りは10月に**開催される**でしょう。

check! 不規則な変化をする動詞 **1010**

# read （読む）

▶ Have you ever _____ this book?
あなたは今までにこの本を**読んだ**ことがありますか。

check! 不規則な変化をする動詞 **1006** ©2021 Disney

# meet – met – met

▷ I met Tom at the station.
私は駅でトムに**会いました**。

check! 不規則な変化をする動詞 **1007** ©2021 Disney

# come – came – come

▷ My father came home at six.
父は6時に家に**帰りました**。

check! 不規則な変化をする動詞 **1008** ©2021 Disney

# run – ran – run

▷ They ran in this park this morning.
彼らはけさ，この公園を**走りました**。

check! 不規則な変化をする動詞 **1009** ©2021 Disney

# wear – wore – worn

▷ She wore glasses yesterday.
彼女はきのう，めがねを**かけていました**。

check! 不規則な変化をする動詞 **1010** ©2021 Disney

# read – read – read
［レッド］と読むよ。

▷ Have you ever read this book?
あなたは今までにこの本を**読んだ**ことがありますか。

---

check! 不規則な変化をする動詞 **1001** ©2021 Disney

# teach – taught – taught

▷ My mother taught me how to cook curry.
母は私にカレーの作り方を**教えてくれました**。

check! 不規則な変化をする動詞 **1002** ©2021 Disney

# catch – caught – caught

▷ My father went fishing and caught a big fish.
父はつりに行って，大きな魚を**つかまえました**。

check! 不規則な変化をする動詞 **1003** ©2021 Disney

# sit – sat – sat

▷ The boy sat down next to his mother.
少年は母親のとなりに**すわりました**。

check! 不規則な変化をする動詞 **1004** ©2021 Disney

# understand – understood – understood

▷ I understood why he said so.
私はなぜ彼がそう言ったのかを**理解しました**。

check! 不規則な変化をする動詞 **1005** ©2021 Disney

# hold – held – held

▷ The festival will be held in October.
そのお祭りは10月に**開催される**でしょう。

マイカード

マイカード

マイカード

マイカード

マイカード

マイカード

マイカード

マイカード

マイカード

マイカード

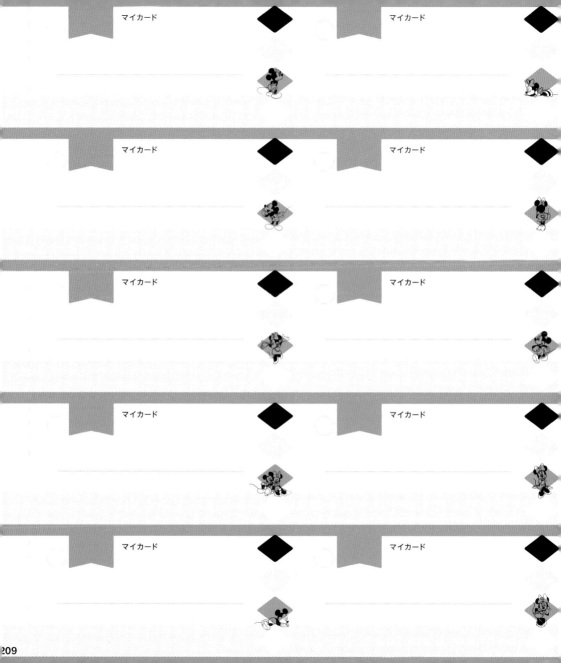

マイカード

マイカード

マイカード

マイカード

マイカード

マイカード

マイカード

マイカード

マイカード

マイカード

マイカード　　　　　　　　　　　　　マイカード

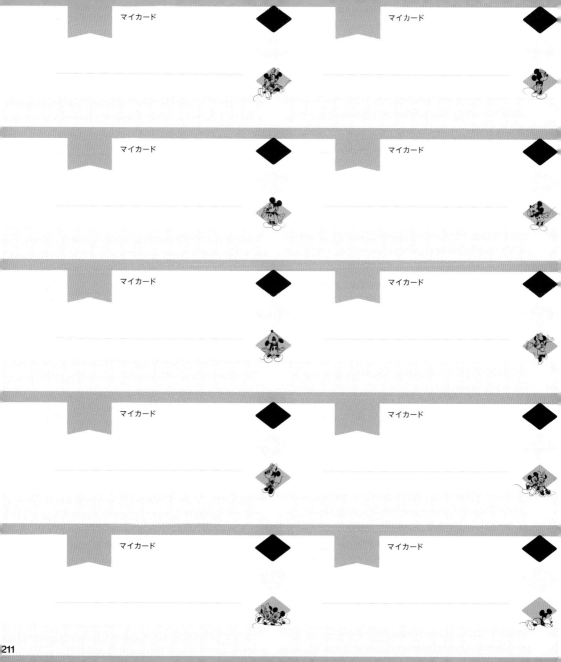

マイカード　　　　　　　　　　　　　マイカード

マイカード　　　　　　　　　　　　　マイカード

マイカード　　　　　　　　　　　　　マイカード

マイカード　　　　　　　　　　　　　マイカード

マイカード

マイカード

マイカード

マイカード

マイカード

マイカード

マイカード

マイカード

マイカード

マイカード

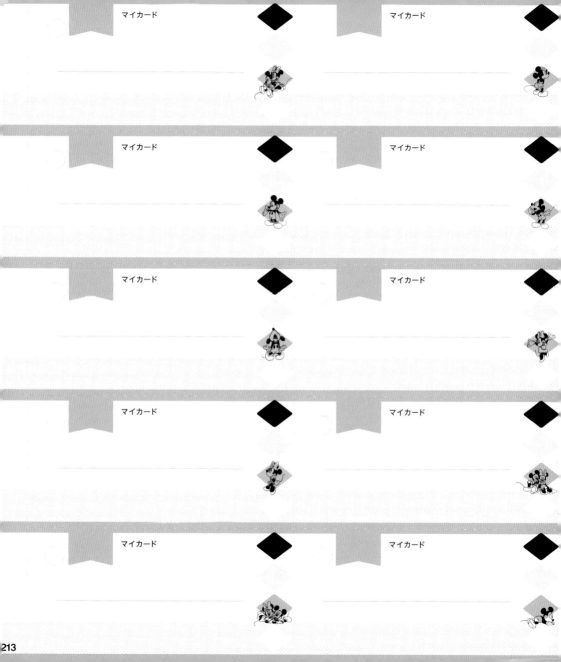

マイカード

©2021 Disney

マイカード

©2021 Disney

マイカード

©2021 Disney

マイカード

©2021 Disney

マイカード

©2021 Disney

マイカード

©2021 Disney

マイカード

©2021 Disney

マイカード

©2021 Disney

マイカード

©2021 Disney

マイカード

©2021 Disney

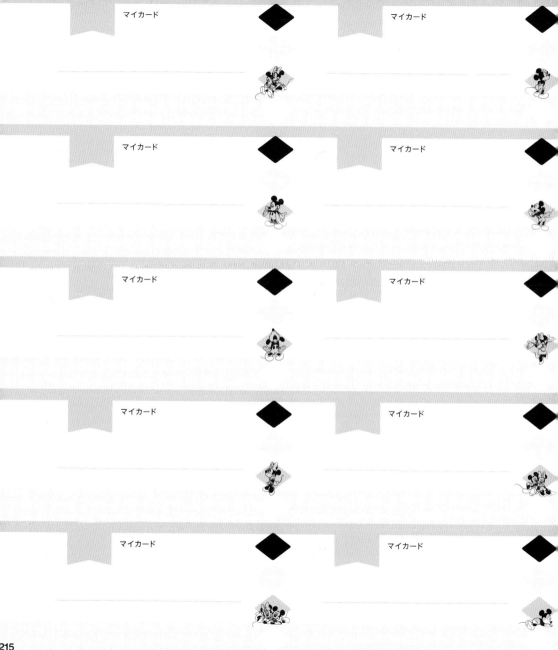

マイカード

マイカード

マイカード

マイカード

マイカード

マイカード

マイカード

マイカード

マイカード

マイカード

マイカード

©2021 Disney

マイカード

©2021 Disney

マイカード

©2021 Disney

マイカード

©2021 Disney

マイカード

©2021 Disney

マイカード

©2021 Disney

マイカード

©2021 Disney

マイカード

©2021 Disney

マイカード

©2021 Disney

マイカード

©2021 Disney